社会工作的理论发展
与专业实践研究

杨月明　著

中国原子能出版社

图书在版编目（CIP）数据

社会工作的理论发展与专业实践研究 / 杨月明著 .
-- 北京 ： 中国原子能出版社， 2022.7
ISBN 978-7-5221-2033-1

Ⅰ . ①社… Ⅱ . ①杨… Ⅲ . ①社会工作－研究 Ⅳ .
① C916.2

中国版本图书馆 CIP 数据核字（2022）第 139728 号

社会工作的理论发展与专业实践研究

出版发行	中国原子能出版社（北京市海淀区阜成路 43 号　100048）
策划编辑	杨晓宇
责任印刷	赵　明
印　　刷	北京天恒嘉业印刷有限公司
经　　销	全国新华书店
开　　本	787mm×1092mm　　　1/16
印　　张	10.25
字　　数	195 千字
版　　次	2022 年 7 月第 1 版
印　　次	2022 年 7 月第 1 次印刷
标准书号	ISBN 978-7-5221-2033-1　　　　定　价 72.00 元

网　　址： http//www.aep.com.cn　　　**E-mail：** atomep123@126.com
发行电话： 010-68452845

前　言

社会工作是秉持利他主义价值观，以科学知识为基础，运用科学的专业方法，帮助有需要的困难群体，解决其生活困境问题，协助个人与社会环境更好地相互适应的职业活动。社会工作有助于提高生活质量，挖掘个人、团体和社区的潜能。随着社会的快速发展与社会转型的逐步深入，社会需求与社会问题越来越多样化、复杂化，这对社会工作者的专业素质与服务水平提出了越来越高的要求。社会工作在国外发展较早，其专业性很强，有一套科学、规范的工作方法和技巧。在我国，社会工作虽然兴起比国外晚，但是其作为一种专业的助人服务，在解决社会问题中的作用越来越受到重视。社会工作的工作领域广泛，涉及学校、医院、社区、司法部门以及各种社会弱势群体、边缘群体和问题人群。其本质功能在于预防和解决社会问题，实现和维护个人与社会之间的和谐关系，提升个人、家庭和社区的生活质量，推动社会的文明与进步。本书将围绕社会工作的理论发展与专业实践展开论述。

本书第一章为社会工作概述，分别介绍了社会工作、社会工作理论、中外社会工作的发展三个方面的内容；本书第二章为社会工作的主要理论，主要介绍了五个方面的内容，依次是心理动力视角、认知和行为视角、系统视角与生态视角、优势视角、社会发展视角与宏观视角；本书第三章为社会工作价值观与伦理，依次介绍了三个方面的内容，分别是社会工作价值观、社会工作相关伦理责任、伦理守则的制定与执行；本书第四章为社会工作者，依次介绍了社会工作者的内涵与特征、社会工作者的角色、社会工作者的素质及其职业水平评价、社会工作者队伍建设四个方面的内容；本书第五章为社会工作的工作方法，主要介绍了三个方面的内容，分别是个案工作方法、小组工作方法、社区工作方法；本书第六章为社会工作实践，主要介绍了三个方面的内容，依次是青少年社会工作、老年人社会工作、妇女社会工作。

在撰写本书的过程中，作者得到了许多专家、学者的帮助和指导，参考了大量的学术文献，在此表示真诚的感谢！由于作者水平有限，加之时间仓促，本书难免存在一些不足之处，在此恳请同行专家和读者朋友批评指正！

目 录

第一章 社会工作概述

本章将主要讲述社会工作基本内容，分别介绍了社会工作、社会工作理论、中外社会工作的发展三个方面的内容。期望通过本章的讲述，使大家能够加深对相关知识的了解。

第一节 社会工作

社会工作是现代社会中非常重要的一项工作，对于和谐社会的构建具有十分重要的作用。全世界范围内，越是社会制度健全、经济发达的国家，越重视社会工作的开展。新时期，我国关注民生和重视人民群众生活质量的不断提高，致力于社会主义和谐社会建设，以促进中华民族伟大复兴的中国梦的实现。中国梦的本质是国家富强、民族振兴、人民幸福，其中，人民幸福是中国梦的奋斗目标。在实现这一目标的过程中，开展好社会工作是非常重要的一个工作环节，具有重要社会意义。本章主要就社会工作的基本内容进行系统分析，以使读者对社会工作有一个更加全面、深入的认知与理解。

一、社会工作的概念

"社会工作"，又称"社会服务"或"社会福利服务"，英文翻译为"Social Work"，是专业的社会群体专门解决社会问题的职业性活动。

关于社会工作，国内外的很多学者都对其有深入研究，但学术界尚未形成统一的概念描述。本书就国外的几种社会工作代表性观点整理阐述如下。

①美国社会工作者协会研究认为，社会工作是一种专业的助人（个人、群体、社区）活动。

②弗里德兰德指出，社会工作是一种专业服务，也是一个助人的过程（《社会福利导论》）。

③芬克认为，社会工作是一门艺术或学科，它提供助人服务，旨在促进个体的社会性发展，促进个体的社会人际关系良好发展，并正确处理个体与所在社会环境的关系。

④廖荣利认为，社会工作是一种专业，通过科学理论与原则解决个人的压力、生活难题（《社会工作概要》）。

⑤威特默尔认为，社会工作是一种协助个人调整其社会关系的制度。

⑥斯基摩尔认为，社会工作既是一种艺术，也是一种科学，还是一种专业，它是一项综合性的社会服务工作。

在我国，对社会工作概念的理解与描述，一般认为，社会工作是指科学和学科意义上的社会工作，社会工作是一门学科和一个职业，是专门的掌握相关学科知识的人通过从事社会服务工作，解决个人和群体以及社会问题的工作。这种具有普遍意义的社会服务活动被称为社会工作。

二、社会工作的基本含义

要更加深刻地理解社会工作，应明确社会工作的以下基本含义。

（一）社会工作是一项专业助人活动

社会工作帮助个人和群体解决社会生活困难与问题，促进个体和群体更好地融入当下社会并提高生活质量。这种助人行为具有社会性和公益性，商业性的、政治性的活动不能被称为社会工作。

和商业性服务活动相比。商业性服务活动具有利己性，以获得经济效益为主，是一种有偿服务。社会工作是一种无偿服务，是一种社会人文关怀。

和政治性服务活动相比。政治性服务活动以权力获取和行使为特征，社会工作以服务于他人，服务于基本生活遇到困难、需要帮助或协助的人为根本特征。

和偶尔为之的慈善活动不同，在利他主义的助人理念指导下，社会工作是专业的、以帮助困难人群为目的的、职业性的活动。

（二）社会工作是一个解决社会问题的过程

在对社会工作的基本含义和本质进行研究的过程中，有很多学者都充分意识到并强调，社会工作是一个助人过程，这个助人的过程是通过帮助受助者解决其困难来进行的，助人的结果就是问题得到解决。

社会工作具有专业性，并非任何一个人都能胜任社会工作。社会工作是专业的助人活动，一方面，有困难的主体（个人、群体、社区）主动寻求社会帮助；另一方面，社会工作者通过调查、走访，了解需要接受帮助的人的情况并开展有针对性的帮助，通过科学有效的方法来解决受助者的困难与问题。

社会工作中，工作者面临的问题多种多样，但是解决问题的过程与程序大致相同，具体过程和内容如下。

①求助和会谈：发现问题。

②接案：正式确定受助对象，并纳入工作计划。

③签订协议。

④确认工作目标。

⑤解决问题。

⑥评估。对社会工作过程与效果进行评估。

⑦结案。

社会工作者从事社会工作，需要不断地进行实践，并在实践中总结工作经验，找出解决问题的技巧与方法，形成科学化的工作模式与方法程序，不断提高与优化工作效率与效果，使各种社会问题得到快速、及时、有效、满意的解决。

（三）社会工作是一套科学的助人方法

社区工作是以社区及其成员群体为对象的社会工作介入手法。它通过组织成员有计划地参与集体行动，解决社区问题、满足社区需要。在参与过程中，让成员形成社区归属感，培养自助、互助和自决的精神，加强其社区参与及影响决策的能力和意识，发挥其潜能，最终形成更公平、民主及和谐的社会。

社会工作是一个复杂的社会过程，要想更进一步理解社会工作，应明确的最基本的一点就是，作为一门学科，与其他社会科学相比，社会工作更强调应用性与实践性。

弗里德兰德认为，社会工作是一个以科学的知识和技能协助受助者的专业服务过程。芬克指出，社会工作是一门艺术性的科学，它能增强受助者的社会关系与环境适应能力。

在社会工作的开展过程中，所有针对问题所提出的解决方案都是经过深思熟虑的，都是在科学的理论指导下完成的。而且所提出的解决问题的方案是切实可行的、有效的，否则就不能真正解决问题。

社会工作面临的服务对象复杂，面临的各种社会问题也非常复杂，针对不同的服务对象与问题，必须科学选择有针对性的解决方法、手段和技巧。社会工作方法是建立在一定的理论基础上的，在社会工作的开展过程中，社会工作者综合运用各种方法，调配各种资源，创造性地解决相应问题。

（四）社会工作是一个能动性行为建构过程

通过建构理论来分析社会工作可知，社会工作是社会工作者与受助者的互动过程，在互动过程中能动性地发挥创造性与创新性，并最终解决问题。

建构理论认为，人们的行为并非模式化的，人是具有思维的社会中的个体，人的各种行为具有能动性、创造性；个体的行为不仅是个人意志的表现，同时，也与周围的环境、人际关系等具有非常密切的关系。个体的社会行为是人们对外部现象进行解释、赋予意义、采取行动的能动建构过程。

在社会工作开展过程中，社会工作者和受助者根据自身外部现象意义的理解选择合适的行动，通过社会互动，全面深入了解问题产生的根源、影响因素并探讨解决方案，问题解决方案通过行为实践得到实施。在整个社会工作过程中，参与社会互动的每一个主体（个人、群体、社区）的行动都会对社会工作的发展方向、进程和结果产生影响。在社会工作者与受助人通过自己的理解参与互动、解决问题的过程中，参与者的思维与行为都是主动的，而非被动的、机械的。

三、社会工作的服务对象

在社会工作开展之初，即使是社会工作者本身对自己所服务对象的范围也并不清楚。大多数社会工作者认为，只有那些处于弱势地位的人才是社会工作的帮助对象。这些人生活在社会的最边缘、最底层，是社会中最困难的群体，如流浪者、儿童、老人、贫困者、患病者等。

最初，社会工作的服务对象是个人，即各种社会弱势群体中的个体。社会工作者采取的基本助人方法是"个案工作方法"，服务对象被称为"案主"。这一称呼延续至今。

第二次世界大战之后，社区逐渐成为社会工作的工作对象，即受助主体。在这一时期，新的社会工作方法——"社区工作方法"诞生。

20 世纪 50 年代以后，社会工作在发展中国家得到了重视。在这些国家，社会工作同社区密切相关，社区建设成为政府十分关注的问题。社区发展成为社会工作的一个重要问题，社会工作的对象第一次得到了扩展。

20 世纪 70 年代以后，发达国家的社会工作体制十分成熟，社会工作的服务对象范围不断扩大，社会工作的性质也发生了重要的转变，开始由补救性、治疗性向治疗与预防、补救与发展结合的方向发展。这一时期社会工作对象的范围扩展到全体国民，所有的公民都成为社会工作的服务对象。

四、社会工作的特征

（一）社会工作的专业特征

社会工作具有专业特征与属性，这是我们现在已经知道的。但是在社会工作的发展过程中，学者们对社会工作专业特征的讨论与研究经过了相当长的一段时间。

20 世纪初，社会工作发展还不完善，因此，对于社会工作是否已经成为一门专业，社会工作作为专业应具备哪些条件与特征等问题，不同的学者进行了不同角度的思考与研究，并有不同的看法。

1915 年，美国学者弗莱克斯纳指出，当时的社会工作并不具有专业特征。之后，美国社会工作先驱玛丽·里士满出版《社会诊断》一书，探讨了当时社会工作中个案工作开展的内容与方法，并提出了社会工作的专业性特征。1957 年，格林伍德撰写《专业的属性》一书，明确指出了成为一个专业的必备特征，具体如下：

①有科学、系统的理论体系。

②被社会广泛认可。

③具有专业权威，并成为该领域的重要评价标准。

④职业内部有伦理守则。

⑤形成了专业文化。

我国台湾学者徐震在专业研究方面也颇有建树，他认为，要成为一个专业，应具备以下特征：

①有科学的知识体系。

②有哲学的伦理信念指导职业行为。

③从业者经过了专业教育与培训。

④从业者的从业资格经过了合法、专业、权威机构的鉴别鉴定。

⑤有实际的工作职位。

⑥有比较明确的服务人群。

⑦有同业控制团体，即有较为完善的职业监督、评估机制与机构。

⑧有发展进修制度。

结合中外学者对专业特征的研究与解释，可以明确看出，社会工作具有专业特征，具备成为一个专业的可能。从发展的角度来看，社会工作的专业特征从 20 世纪 50 年代以后开始逐渐突显出来，并不断得到强化。

20 世纪 50 年代末，联合国曾进行过一次全世界范围内的社会工作教育状况调查。当时有 33 个国家开展了社会工作，各国学者对社会工作的定义多达 33 种，对社会工作的概念解析与本质理解都尚不健全与完善，有很多国家对社会工作的具体工作范围与工作性质的理解还存在偏差。在部分国家，有不少人认为，社会工作是上层人士或宗教人士的一种慈善行为，服务对象是那些穷苦百姓；还有一些国家的人认为，社会工作是一种政府福利行为；也有国家认为，社会工作是一种由专业服务机构提供的有偿服务。这些认识都是关于社会工作的错误认识。

随着社会工作的快速发展和备受重视，到 20 世纪 80 年代，社会工作的专业性质与属性逐渐被人熟知。有很多人从"认为社会工作只服务特殊人群"的错误认知中解放出来，愿意在遇到社会生活困难时寻求社会工作者的帮助，并且会从事社会工作志愿者工作。

在发达国家，很多国家的政府都非常支持社会工作的开展，并积极鼓励成立全国性的同业协会，用以指导全国社会工作的开展、培养社会工作人才、不断提高社会工作从业者的专业水平，并形成社会工作的职业与行业报告，来促进整个国家的社会工作的开展。

在发展中国家，社会工作专业化的进程相对缓慢，但一些市场经济、专业教育比较发达的国家和地区社会工作的专业化不断加强，逐渐走上了专业化发展的道路。这是社会工作发展的一个必然趋势。

（二）社会工作的学科特征

社会工作是一种专业助人活动，社会工作又是一门学科。社会工作者的社会工作实践活动的开展需要有专门的科学理论作为指导，并最终在社会工作实践中得到应用。社会工作是一个应用型学科，是以科学知识为基础的应用型社会科学。

从学科分类来说，社会工作作为人类认识自然和社会发展规律的科学，可以分为自然科学和社会科学。在社会科学中，有些学科侧重理论研究，有些学科侧重实践研究，而社会工作学科就侧重于实践研究。具体来说，社会工作作为一门学科，在本质上是实践的，具有明显的应用性，它应用相关知识、理论、方法和技巧解决问题。其学科特征表现如下：

①以科学的理论和知识为基础。

②以解决实际问题为目的。

③社会工作者秉持助人自助的价值观，具备专业社会工作素养。

④社会工作运用科学方法服务存在困难和弱势人群。

⑤社会工作受到高度的社会认可。

需要特别提出的是，社会学科作为应用型学科，并不是不重视理论研究和应用，社会工作的开展与实施必须以理论为指导。从社会工作的开展目的来看，社会服务实践必须接受理论指导，社会工作理论是为实践服务的，没有好的理论就不会有好的实践效果。社会实践是检验和发展社会理论的重要基础，社会工作中的理论与实践是相互促进、相互作用的。

（三）社会工作的实务特征

实务也称实践，指人们参与改变任何事物的活动。马克思主义研究实践理论指出："全部社会生活在本质上是实践的。"社会工作实务，指社会工作者在科学理论指导下，运用科学工作方法，为服务对象提供帮助，与服务对象一起努力解决问题，走出困境、增加社会功能的活动。

实务性是社会工作的基本属性，如果没有实务就不称其为社会工作。社会工作的实务特征具体表现如下：

①社会工作的实务特征是人的能动性的表现。在社会工作的开展过程中，社会工作从业人员和受助人员共同努力、改变现状，是有意识地改变外部世界的活动。

②社会工作是由科学理论指导的、采取科学方法助人的行动系统。

③社会工作的核心内容是由一系列科学的实际活动组成的，社会工作者需要用行动去推动服务对象处境的良性变化。

④社会工作者的助人活动具有复杂性及动态性。

⑤社会工作者的助人活动具有规律性，为社会工作者提供了行动的准则。

⑥社会工作不是机械地按既定模式开展服务活动，而是具有反思性。社会工作者不只作为助人者外在地对待客体——服务对象，社会工作者需要将自身放入

服务对象系统，才能更好地理解服务对象所面临的困难。社会工作者需要面对不断变化着的情景和问题，不断去理解、去反思。

⑦社会工作以自然科学为典范来发展自己，强调社会工作的科学性和客观性。

⑧社会工作是改变服务对象不利处境的活动，活动过程及实践具有现实意义与价值，是一种道德性的实践。社会工作者认识和界定问题、干预和处理问题的过程中都以一定的价值观为指导，这些价值观与道德判断联系在一起。社会工作者是在认同社会正义和人道主义的价值观基础上从事助人活动的。

五、社会工作的功能

（一）社会工作对服务对象的功能

1.促进服务对象正常生活

正常生活是在一定社会经济条件下，人们较正常地发挥自己的能力进行生活的状态。

正常生活是：

①大多数人的基本要求。

②现代社会公民应有的基本权利。

③维持社会秩序、促进社会和谐的基础。

促进服务对象正常生活就是：

①维护他们的权利。

②发挥他们的潜能。

③维护他们的尊严。

④促进他们所处社会环境的改善。

⑤使他们能像别人那样正常地生活。

2.促进人与社会环境相适应

促进人与社会环境相适应是社会工作的基本出发点。社会工作者分析问题时的基本观点是"人在环境之中"，认为人与社会环境是相互依存的。人与社会环境的相互协调和适应就是社会工作者分析和处理问题的基本出发点。

社会工作者把服务对象能力的发展、外部环境的改变作为工作目标，包括：

①通过解决问题和提高能力使服务对象有能力应对来自环境的压力和挑战。

②通过调动环境中的资源和改善环境，向人们提供更多支持。

（二）社会工作对社会的功能

1. 解决和预防社会问题

社会的发展是一个十分复杂的过程，人类社会在发展过程中会受到各种因素的影响与制约。社会工作的重要功能和意义就在于，社会工作不但能够帮助受助对象解决其自身的问题，也能够解决背后的社会问题。

所谓社会问题，国内外学者对其做出如下解释：

①社会问题是"社会中发生的社会大众认为不合理、不能容忍的事件或情况，这些事件或情况影响大众生活质量，必须依靠社会力量解决"。

②社会问题是"引起人们普遍注意的某些社会活动和社会关系发生了与现实社会环境的失调（即相异或产生矛盾）"。

③社会问题是"影响了社会中多数人正常生活，妨碍社会协调发展，引起社会大众普遍关注的，需要动用社会力量加以解决的问题"。

对于社会问题，简单理解就是相当数量的人的公共麻烦。一个人生病不能上班是个人问题；社会大众看病所涉及的社会医疗保险问题就是社会问题。社会问题是社会大众普遍关注的社会焦点问题。

社会问题的产生是十分复杂的，有些社会问题由自然因素引起，如地震、海啸等，和人的意志无关；有些问题是由于人的关注而成为社会热点问题的，如心脏病、阿尔兹海默症、艾滋病等医学问题因受到关注成为一个国家乃至全球性社会问题。

社会问题如果不能得到及时的解决，可能会影响整个社会的社会秩序，影响社会大众的正常生活，甚至会演变成一个整个世界都需要面临的生存问题。例如，人口问题。人口问题中也存在许多细分问题，如人口数量过多、出生率过低等。人口数量过多不仅会导致一个国家的资源紧张，也会影响世界范围内的资源分配、环境等；出生率过低，有些发达国家连续数年的人口呈负增长，会直接影响国家和整个人类的可持续发展。我国作为一个发展中国家，在社会发展方面存在经验不足问题，发展过程中会遇到各种各样的社会问题，如人口老龄化问题、医疗问题、养老问题等。这些社会问题的存在严重影响了社会的和谐稳定，会对国家的进一步可持续发展产生负面影响。

社会问题所造成的影响是社会性的，社会问题的解决需要依靠社会力量。而社会工作最主要的功能就是治疗社会疾病，通过帮助各类受助对象（个人、群体、社区）解决问题进而减少社会问题（矛盾）。

社会工作是社会调节机制的一个重要组成部分，这种调节功能是有限的，不可能解决所有的社会问题，但是可以对社会问题进行一定的预防。

目前，通过开展社会工作有效预防社会问题的发生，主要是通过以下三种措施来实现的：

①建立预警系统，预测社会发展过程中可能会出现的各种社会问题，提前在整个社会范围内做好预防工作和应对预案。

②增强社会成员应对、解决问题的能力。

③强化社会支持体系，健全社会助人系统，以便对可能出现的问题做出及时有效的反应。

2. 维护社会秩序

社会工作从最一般意义上来说，是具体解决社会问题的专业活动，与一般行政管理不同。社会工作不但强调社会秩序的重要性，也强调不尽合理的社会结构和制度体系会造成社会问题，社会工作可以从更深层次上发挥维持社会秩序的功能。社会工作具有维护社会秩序的重要功能，具体分析如下：

结合前面所阐述的社会工作的预防和解决社会问题的功能，社会工作的科学开展有助于减少各种社会问题对社会发展的负面影响，使整个社会处于一种比较稳定的状态，进而使得社会秩序得到有效的维护。

社会问题对社会发展的影响是巨大的，社会问题一旦产生，必然破坏社会秩序，影响社会稳定。通过开展社会工作，使每一个需要得到帮助的个人、群体或组织能在自我发展中获得帮助，解决的是个人、群体、组织的切身发展问题。同时，从人的社会属性来看，也减轻了社会负担，可以促进每一个社会主体都能在既定的社会秩序约束下去谋求自身的发展，而不是通过破坏社会秩序、损害他人利益来获得满足；抑或是在自身得不到良性发展时去做一些社会法律和道德所不允许的事情，从而破坏社会秩序。

具体来说，社会工作通过帮助个人和群体解决其所面临的问题，可以有效消除社会不安定因素，追求社会公平。同时，避免因社会公平问题而导致的如盗窃、抢劫、报复社会等犯罪行为的发生，从而达到维持社会秩序的目的。

3. 增加社会资本

社会的发展与政治、经济的发展都是密切相关的，社会是人与人关系的总和，是人们共同生活的领域。整个社会环境需要社会中的每一个人去维护。

就我国当下的社会发展现状而言，由于处于社会经济发展的转型期，有很多社会变革和社会发展重心的转变，使得社会中一些人的利益受到了触动，人与人的关系也会发生潜在的变化。各种利益问题会引发一系列社会问题的产生。例如，大城市发展过程中的住房问题、教育公平问题、交通问题等。社会工作坚持和贯彻"以人为本"理念，重视民生问题，致力于在社会成员之间建立相互支持的关系，增加人们的社会资本，建立一个相互关怀的社会。社会工作的科学开展能减少社会大众的具体问题，减少大众焦虑，促进社会大众更好地投入当下的生产、生活中，发挥个人的社会功能，为社会发展减少阻碍并做出贡献。

4. 促进社会稳定

维护社会秩序、完善社会制度等，都与促进社会稳定具有非常密切的关系。

从最一般的意义上来说，社会工作是具体解决社会问题的专业活动。社会工作帮助有困难人群解决问题，减少有困难人群对社会秩序的冲击，可减少社会不安定因素，维护社会稳定。此外，社会工作对各种社会问题的解决，有助于协调人际关系，促进社会关系的和谐，形成一种和谐的社会氛围，帮助人们建构一个正常生活的社会环境，促进社会稳定。

5. 实现社会系统和谐

促进社会和谐是社会工作的最终目的，是社会工作的重要功能。从社会工作的指导思想和工作效果来看，社会工作对社会系统和谐的整合功能具体表现如下：

①社会工作开展过程中，社会工作者的各项助人服务倡导人性化、科学化。在活动开展过程中强调以人为本，坚持社会资源整合与公平，注重整个社会系统各阶层、各方面利益的协调。

②社会工作能为社会发展带来人文关怀、人文精神。社会工作的人性化服务在有效解决社会问题的同时，还能弘扬中华民族的传统美德，构建现代化社会道德体系，使整个社会形成助人为乐、诚信公平、团结友爱的良好社会道德环境。

③社会工作能充分发挥社会管理功能，实现政府与非政府组织对整个社会的建设与管理。社会工作是构建和谐社会公共治理模式的一个有效补充。

第二节　社会工作理论

一、社会工作理论的发展

社会工作理论是一种实践理论。说起社会工作，人们就会想到它是一种职业，一种专门的社会服务实践活动。它的目的是帮助那些生活中遇到困扰的人们，疏导他们的情绪，调整他们的行为，改变他们的看法；或者帮助他们消除不利的社会环境因素，让他们拥有更好的成长环境。对于那些身处社会弱势地位的群体来说，给他们创造更为公平、合理的社会条件，是改善他们生活的重要前提。尽管社会工作的帮助对象不尽相同，它的工作场景也千差万别，但是社会工作有一种共同的、与众不同的重要魅力：它是一种助人的活动，不仅可以帮助服务对象解除困扰，也可以让社会工作者获得成长。

美国社会工作者协会在 1996 年制定的社会工作伦理准则，被视为国际社会工作的行为准则，其中就指出："社会工作的目标就是提升人类的福祉，帮助人们特别是生活在贫困中、处于弱势地位的人们满足基本的生活需求。它同时关注提升社会生活中个人的福祉和整个社会的福祉。"2000 年，国际社会工作者联盟在加拿大蒙特利尔讨论通过的决议中是这样描述社会工作的："社会工作的目的就是促进社会改变，解决人们在社会交往中的问题，发掘人们的潜力，提升人们的福祉。"显然，在人们的认识中，社会工作是一种帮助人们消除困扰并且促使社会改变的职业，它能够带来个人和社会福祉的提升，是一种助人的实践。对于这种助人实践，有关美国社会工作教育状况的《史密斯－泰勒报告》做了很好的总结，认为社会工作具有三个方面的特征：它是一种助人活动，目的是帮助那些在生活中遇到困扰的个人、家庭和群体，提升他们的福祉；它是一种"社会"活动，由政府或者非政府组织直接指导，目的是改善社会成员的生活状况；它是一种资源链接活动，重点帮助那些处于弱势地位的个人、家庭和群体找到必要的资源，满足生活的需求。

二、社会工作相关理论分辨

（一）基础理论与实践理论

《史密斯－泰勒报告》告诉人们，社会工作不仅需要对人们在日常社会生活中遇到的困扰做出具体的分析，或者对不利的社会环境做出科学的解释，而且需要针对人们的实际问题采取具体的应对行动，帮助他们消除面临的困扰，或者改善目前的生活状况。因此，社会工作的助人活动具有具体、及时以及注重改变的特点。所谓具体，是指社会工作中的分析具有明确的指向，关注人们在日常社会生活中遇到的困扰或者不利的环境。这些困扰和不利的环境已经妨碍人们的日常生活，需要给予具体的指导和帮助。可以说，社会工作是针对人们面临的具体困扰而展开的助人活动。人们之所以寻求社会工作者的帮助，是因为他们感到生活中的这些具体困扰已经让他们无法正常生活，需要得到及时的帮助，不能耽搁；否则，不仅是他们的生活，甚至整个社会都可能出现问题。社会工作的及时性体现的就是这个特点，它需要对人们的困扰或者不利的环境做出及时的回应，帮助人们改善目前不好的生活状况。社会工作不是"纸上谈兵"，它的作用就在于帮助人们消除日常生活中的困扰或者帮助人们改善社会的不利环境。注重服务对象的改变、注重社会环境的改变，正是社会工作助人活动的另一个重要特征。

在这样的助人活动的要求下，指导助人活动的社会工作理论与具体的实践之间有着紧密的联系。弗朗西斯·特纳称之为"服务取向"的理论，即围绕服务的组织、规划和执行开展指导，看是否能够提供高质量的、有效的服务。这种理论的好坏与否更多地依据是否能够带来服务对象困扰的消除和不利社会环境的改善，而不是一般理论所强调的可信的科学研究。因此，一个好的社会工作理论应该能够帮助社会工作者解答实践中的困惑，并且能够指导社会工作者了解实际场景中具体发生了什么以及可以怎样回应等。它实际上是指导社会工作者开展具体服务活动的基本逻辑框架。如果社会工作理论不能为社会工作实践提供具体的指导，它存在的价值就会受到质疑，甚至可能被社会工作者抛弃。

从形式上看，社会工作基础理论和实践理论存在非常显著的差别：一个关注"纯"理论，一个关注实践；一个注重逻辑的严谨和清晰，一个只是人们日常生活中的共识，模糊不清。它们就像事物的两个方面，相互补充。但实际上，这只是表面现象，社会工作基础理论和实践理论有各自不同的逻辑。社会工作基础理论重点探索新的知识，把学术性的纯研究视为最高原则，注重研究的可信度和科学性，较少关注它的应用性和社会效益；而社会工作实践理论重点寻找实践的逻辑，更为关注实践研究和行动，而不是理论研究和纯理论的建构。两者采用的视角也不同，社会工作基础理论采用应用科学的视角看待社会工作实践，把理论和实践视为相互对立的两个方面；而社会工作实践理论采用介入科学的视角看待社会工作实践，注重在实践中创造理论。更为有意思的是，两者的研究立场也不同。如果社会工作者运用的是基础理论，就会把自己视为专家，遵循"研究—理论家"的逻辑开展社会工作研究和实践；而如果运用的是实践理论，就会把自己归为职业者，按照"实践者—研究—理论家"的逻辑开展社会工作研究和实践。相比之下，社会工作基础理论更容易受到学者的青睐，它能够帮助学者确立其在学术研究群体中的位置；而社会工作实践理论更容易获得实践者的好感，它能够帮助实践者解答实践中的困惑，提升服务的品质。

在社会工作领域，很难想象没有理论和概念指导的社会工作实践，也很难找到无关实践的纯社会工作理论。社会工作基础理论和实践理论的差别不是理论和实践的差别，而是关注焦点的不同，前者围绕分析，后者围绕实践。佩恩把社会工作的实践分为相互关联的三步——评估、介入和结束，即第一步分析服务对象的问题，第二步开展服务介入活动，第三步结束服务活动。相应地，社会工作实践理论就需要指导这三步活动的开展。唐纳德·博雷莱恩德比较了不同领域的社会工作实践活动之后发现，它们都具有相同的六步：建立初步联系；评估问题；确定目标并制订服务计划；开展服务；评估服务结果；总结经验以准备未来的介入活动。

理论与实践的关系是西方哲学和社会科学中一个饱受争论的课题。社会工作也面临着同样的问题。对社会工作理论与实践关系的定位，直接关系到对社会工作学科本质的整体判断，更间接影响到社会工作的服务理念和服务方法。

（二）实践理论和分析理论

为了细致分析实践理论和分析理论的差别，可以围绕行动比较实践理论和分析理论是怎样回答实践中三个基本问题的。对于第一个问题，实践理论会将关注焦点集中在服务对象遇到的具体困扰上，了解服务对象遇到的困扰是什么，并且分析它是由什么原因导致的，最后再对服务对象的问题做"诊断"；而分析理论则会关注相对宏观的问题或者一些受到社会关注的现象，分析这些问题或者现象背后隐藏的东西，以便为人们提供一种新的认识。相比较而言，实践理论的问题分析更为具体，针对性更强；而分析理论更为宏观，更注重新颖性。对于第二个问题，实践理论在做了"诊断"之后，就需要根据"诊断"结果提出具体的介入方案，包括介入的目标、介入的策略、介入的时间以及介入的起点等，保证实践者能够根据这个具体的介入方案开展服务活动。介入方案是实践理论关注的重要内容，甚至可以说，"诊断"的目的就是提供有效可行的介入方案。在这一点上，分析理论就不同了，它不需要提出具体的介入方案，至多也只是根据分析的结果提供改进的建议。至于改进建议是否可行、通过什么方式才能实现，这些具体操作问题不是分析理论所需要重点考察的。一般而言，分析理论的建议比较抽象、笼统，而实践理论却要求介入方案精确、可行。对于第三个问题，实践理论和分析理论的差别更为明显。实践理论把介入过程视为理论探索的重点，需要跟踪服务活动开展的整个过程，评估服务活动的效果，并且根据服务活动开展状况及时调整服务的目标和策略。一种新的实践理论是否有价值，就要看它能否带来实际的服务效果。而分析理论通常不会跟踪服务活动的具体开展过程，即使考察服务过程，也只是把它作为研究的证据来验证理论的真伪。为了便于读者理解，实践理论与分析理论的差别如表 1-2-1 所示。

表 1-2-1　实践理论与分析理论的差别

步骤	基本问题	实践理论	分析理论
评估问题	问题是什么	围绕服务对象具体困扰开展研究，对问题进行"诊断"分析，比较具体、针对性强。它是实践理论的必要内容	围绕一般问题或者社会现象开展研究，分析背后的原因，分析比较宏观，注重新颖性。它是分析理论的最核心内容
制订计划	怎样帮助	依据"诊断"结果提供具体介入方案，强调方案可行、精确。它是实践理论的重要内容	依据分析结果提供改进建议。建议比较抽象、笼统，它不是分析理论的必要组成部分
开展服务	帮助的过程	跟踪服务过程，评估服务效果，调整服务目标和策略。它以服务效果为导向，是实践理论的最核心内容	以研究证据为导向，不跟踪服务开展过程。它不是分析理论考察的内容

实践理论与分析理论遵循不同的逻辑，它们有各自的关注焦点和不同的组成要素。通过表 1-2-1 的比较可以看到，社会工作理论实质上是一种实践理论。虽然引入其他学科的分析理论能够帮助社会工作者建构社会工作实践理论，但它们毕竟不是社会工作实践理论，社会工作者需要在具体的社会服务实践中学习、运用和再创造。

大卫·豪从理论关注内容的角度将社会工作理论划分为支持社会工作的理论和社会工作理论。

支持社会工作的理论是指那些对社会工作所涉及的要素进行解释的理论，包括关于人及社会本质的理论，人与社会的关系的理论，人类心理与行为的理论，社会结构、社会规则、社会制度的理论等。这些理论为社会工作服务提供了理论基础，帮助社会工作者更好地理解他们的服务对象及其所生活的社会。因为只有很好地理解与服务对象的需要相关的各种社会现象才能有效地帮助他们，满足他们的需要。

社会工作理论是关于社会工作的性质、目的、过程与方法的理论。

支持社会工作的理论与社会工作理论是相互依存的，又是彼此贯通的。当社会工作者依据社会工作理论为受助人提供帮助时，是依据支持社会工作的理论对人及社会环境的理解来确定具体帮助计划的。而社会工作理论的实践过程又能为支持社会工作的理论提供进一步理解人与社会实践的素材。

还有学者将社会工作理论分为三类：有关社会工作是什么的理论、有关社会工作怎样做的理论以及有关服务对象世界的理论。

这些理论分类都有一个共同的特征：将社会工作的实践本质从具体的场景中分离出来放入分析理论的逻辑框架中，作为分析理论探索的核心。这样的做法不仅正好与社会工作的核心特点——实践相违背，而且容易混淆实践理论与分析理论，看不清社会工作理论自身的实践逻辑。称社会工作理论为实践理论，是为了突出社会工作最核心的内容——实践。否则，社会工作理论就像是建在流动的社会科学沙滩上的大厦，看上去很宏伟，但没有坚实的基础。

大卫·豪根据两项标准——主观和客观以及秩序和冲突，将社会工作实践理论划分为四类，并为每一类的功能做了清晰的界定，即修理者、意义寻找者、意识提升者和革命者。修理者是指从客观立场出发寻求社会秩序的社会工作理论；意义寻找者则是指从主观立场出发寻求社会秩序的社会工作理论。以此类推，革命者是指从客观立场出发寻求社会变革的社会工作理论；意识提升者是指从主观立场出发寻求社会变革的社会工作理论（图1-2-1）。

图 1-2-1　大卫·豪的社会工作实践理论分类

佩恩在分析社会工作实践理论时非常关注它的行动要素，认为社会工作实践理论是在具体实践场景中建构起来的，主要受到服务机构、社会工作者和服务对象三者的影响。这样的观点为从实践者角度划分社会工作实践理论提供了新的思路。特纳正是从实践者角度出发理解社会工作实践理论的，他以实践者在服务活动中对待服务对象以及环境的工作焦点为标准，把社会工作实践理论分为三类（表1-2-2）：第一类把服务对象视为拥有某方面潜质的人；第二类把服务对象视为能够运用整体潜质的人；第三类把服务对象视为拥有社会身份的人。

表1-2-2 特纳的社会工作实践理论分类

类别	关注焦点	相关理论
个人和他的潜质	个人拥有生物机能	神经语言学项目
	个人拥有心理机能	功能精神分析
	个人拥有学习能力	行为理论
	个人拥有思考能力	认知
	—	建构主义
	—	叙事
个人整体潜质的运用	个人作为沉思者	冥想
	个人作为经验者	存在
	—	格式塔
	—	催眠
	个人作为沟通者	沟通
	—	增能
	—	问题解决
	—	任务
个人和社会	个人作为个体	自我心理学
	—	以来访者为中心
	—	危机
	个人作为社会群体成员	女性主义心理社会
	—	身份转换分析
	个人作为社会成员	土著居民
	—	角色
	个人作为宇宙生命的一部分	生活模式
	—	系统

　　特纳对社会工作实践理论的分类确实体现了社会工作的行动要素，把社会工作者对待服务对象的态度以及服务介入的焦点都呈现出来了。但是，他对社会工作实践理论的划分始终围绕服务对象个人。仔细分析第三类"个人和社会"就会发现，当社会工作者把服务对象个人作为社会群体成员或者社会成员看待时，问题分析和服务介入的焦点就会转向社会，社会成了社会工作问题评估和服务介入的核心。而当社会工作者把服务对象个人作为宇宙生命的一部分时，也与将其作为个体有着显著的不同。此时社会工作者在问题评估和服务介入中都会关注个人与环境之间是如何相互作用的，关注的焦点是个人与环境之间的相互影响，而不是个人。

　　佩恩在划分社会工作实践理论的类型时，注意到了个人与社会环境之间的关系，他提出社会工作实践理论有三种类型：反思－治疗、社会主义－集体主义以及个人主义－改革主义。反思－治疗类型的社会工作实践理论注重个人的发展和个人潜能的开发，强调对个人的情绪以及人际关系的回应方式的考察；而社会主义－集体主义类型的社会工作实践理论就不同了，其关注社会的改变，注重社会工作在社会方面发挥的作用；个人主义－改革主义类型的社会工作实践理论把维护社会秩序和社会稳定作为核心原则，关注个人与社会环境之间的平衡发展。这样的分类让实践中的社会工作者一看就能明白，关注的是个人还是社会，服务介入的焦点是个人的发展还是社会的改变。但是，这样的划分还不够清晰，除了针对个人不只有反思－治疗的视角外，就是针对社会改变，也不只有社会主义－集体主义的视角；特别是第三种类型的社会工作实践理论的划分，没能准确反映它的服务介入的焦点——个人与社会环境之间的互动，以达到相互之间的平衡发展。

　　实际上，无论社会工作者运用什么理论，他都必须清楚自己分析问题和开展介入活动的焦点是什么，是个人、社会环境，还是两者之间的互动？只有想清楚了这个问题，实践活动的逻辑才能清晰。如果关注的是个人，就从个人的角度出发寻找改变的目标和策略，制订服务介入的方案，采取能够影响个人改变的技巧。显然，这样的社会工作实践理论关注对个人心理状况的理解，主要受到心理学相关理论的影响，可以称之为以个人心理为主导的理论。如果关注的是社会环境，就从社会环境的角度出发分析问题产生的原因，寻找改变社会环境的目标和途径，并且运用能够促进社会改变的技巧。这样的社会工作实践理论关注的重点不是个人的心理，而是社会结构以及相互之间的关联，主要受到社会学相关理论的影响，可以称之为以社会结构为主导的理论。如果关注的是个人与社会环境之间的互动，就需要从个人影响社会环境、社会环境影响个人的相互影响的视角出发，寻找问题产生的原因以及改变的方法和途径，并且采取能够增进相互之间平衡发展的技巧开展服务。这样的社会工作实践理论关注的焦点是个人与社会环境之间的相互影响，运用的是一种循环影响的逻辑，可以称之为以互动关系为主导的理论。不过，这种以互动关系为主导的理论既可以关注个人与个人之间的互动，这就是人际沟通和交往；也可以关注个人与社会环境之间的互动，这就是系统之间的相互影响。

第三节　中外社会工作的发展

一、西方国家社会工作的发展历史与趋势

（一）西方国家社会工作的发展历史

1. 专业组织的发展

在英国、美国等国家，有组织的社会服务对社会工作的形成、发展具有实质性的推动作用。19 世纪末 20 世纪初，慈善组织会社在英国、美国等国家大量出现，它们运用统一的理念协调慈善救济活动，为社会工作价值观的形成创造了条件。其所要求和实施的调查、登记、互助、协作等方法为社会工作专业方法的形成积累了经验。而英国、美国等国家的睦邻组织运动则从社区的角度为社会服务的发展做出了贡献。在有组织的社会服务实践和对实践经验进行理论化总结的基础上，社会工作专业人员组织建立起来。具体来讲，包括以下内容。

1956 年，国际社会工作联盟成立，社会工作专业化的进程扩展到了世界范围。

20 世纪 60 年代后，社会工作的发展发生了明显的变化：已经创办了独立的组织与学会，形成了较为完善的职业守则，创建了专业学院，社会工作也得到了社会大众的普遍认可。由此，莫拉莱斯和谢弗认为，社会工作已经成为一个专业。

经过几十年的发展，在长期的社会服务实践中，出于社会工作活动实践开展的需要，社会工作对从业者的专业要求不断提高，与日俱增的专门化和设置专业门槛促进了社会工作的专业化发展。而社会工作专业组织的建立是社会工作专业化发展的一个重要基础，也使得社会工作的专业化发展有了组织领导。

此后，西方国家的社会保障制度日益健全，政府更加关注社会工作的开展，

并在社会工作中投入大量的人力、物力与财力。在社会工作组织推动下，社会工作的专业理论、专业方法、专业教育、专业培训、专业规范等都更加明确、丰富，并不断完善。

在社会工作专业化的进程中，社会工作专业组织发挥了重要的作用。美国社会工作专业组织分为两种形式：一种是社会工作专业教育组织，另一种是实务社会工作者组织。

在社会工作专业教育组织方面，1919 年，美国成立第一个社会工作教育组织——专业社会工作训练学院协会（美国社会工作学院协会）。1942 年，美国社会行政学院协会成立，主要开展社会工作的大学和硕士教育与训练。1946 年，美国全国社会工作教育委员会成立（1952 年更名为社会工作教育委员会），取代上述两个专业教育组织，为社会工作进一步专业化提供了制度保障。

在实务社会工作者组织方面，1918 年，社会工作社区工作成立协会；1919 年，精神病社会工作成立协会，为不同的社会工作领域提供了组织指导；1955 年，美国社会工作者协会成立，协调和促进了不同社会工作专业组织的发展；从 1974 年开始，社会工作组织与活动开展得到了政府的更加广泛的支持。

2. 专业方法的发展

社会工作是一种助人活动，专业方法是其成熟和发展的重要标志。1917 年，玛丽·里士满出版《社会诊断》一书，直接奠定了社会个案工作的学理基础。后来，她又发表了《什么是社会个案工作》，从此社会个案工作作为一种专业方法被社会工作者普遍接受。

20 世纪 20 年代，小组工作开始被纳入社会工作课程中。1923 年，科伊尔进行小组工作方法授课；1927 年，威尔伯·纽斯泰特创立小组工作课程。

20 世纪 30 年代，弗洛伊德精神分析理论对社会工作产生了重要的影响。在这一理论影响下，社会工作的工作方法始终局限在医疗模式内。

1930 年，科伊尔出版《在有组织小组中的社会过程》，这是第一本小组工作教材。

到 20 世纪 40 年代，小组工作作为社会工作的专业方法被接受。另外，社区工作作为一种专业工作方法也逐步发展起来。

20 世纪 60 年代，社会大众广泛认可社会工作与社会工作者的工作成果。这一时期，社区工作成为社会工作的一个基本方法。

20 世纪 80 年代后，社会问题日益增多，社会工作领域更加广泛，社会工作的理论和方法向着多元化的方向发展。

3. 专业教育的发展

社会工作教育培训的出现与发展是社会工作专业化发展的必然要求。社会工作教育培训首先在美国得到发展。

1919 年，美国成立专业社会工作训练学院协会，1927 年更名为美国社会工作学院协会。

1932 年，美国社会工作学院协会颁布社会工作教育的最低限度课程。

1937—1939 年间，美国社会工作学院协会制定了一些重要的教育政策，直接推动了社会工作教育事业的发展，社会工作教育有了研究生毕业生。

1940 年之后，社会工作教育内容架构基本确定，共设 8 门核心课程，并建立了包括个案工作、小组工作、社区组织教学在内的"三位一体"课程体系。

1951 年，《史密斯－泰勒报告》发表问世，直接推动了社会工作公立教育的发展。在此后的一段时间内，各公立大学纷纷设立社会工作科系或成立社会工作学院，为社会培养了大批优秀的社会工作人才。

20 世纪 50 年代末，威纳·W·贝姆历经 3 年时间完成了社会工作课程研究，提出如下学术思想：

①社会工作课程是一个连续整体。

②社会工作概念是建立在"社会功能"概念之上的，社会工作课程应包括心理学、生态学理论。

③社会工作理论以自然科学和社会科学理论为基础。

④社会工作教育应关注价值观、伦理和哲学教育。

⑤社会工作教育应为社会工作者提供职业知识与技能储备，满足职业发展需要。

⑥社会工作课程包括个案工作、小组工作、社区组织、社会工作行政、社会工作研究。

⑦社会工作教育应体现教育连续性，重视学士、硕士和博士等各层次人才培养。

1962 年，贝姆的社会工作教学理论与建议被美国社会工作教育委员会采纳，并形成其教育政策。

20 世纪 60 年代以后，社会工作教育的规模不断扩大、内容不断丰富，社会工作教育不断发展完善，并在此后不断得到巩固发展。

现阶段，西方国家的社会工作教育事业已经非常成熟，社会工作教育的内容、方法、课程体系已经非常完善，社会工作教育为社会工作的开展提供了人才支持。

（二）西方国家社会工作的发展趋势

1.战略化

西方国家社会工作发展的战略化趋势主要表现为：重视战略思维，把工作环境看作非连续性变化的过程；在服务提供上，由以方案为焦点转到以行动为焦点；在服务取向上，由以过程为取向转到以结果为取向；强调形成战略的"草根模式"，强调目标的灵活性、迅速性和选择性，注重不同社会服务机构的相互依赖与彼此合作。

2.国际化

西方国家社会工作发展的国际化趋势主要表现为：世界范围内的相互交流与专业合作已经蔚然成风，不同国家之间的相互借鉴与模仿成为新的发展趋向；注重知识经济时代社会工作专业知识的传播、更新与交流，强调全员学习、终身学习和持续学习，突出学习型组织及学习型个人在提高服务技巧中的工具性作用；在具体工作技巧上，注重分享专业知识与服务经验，各个工业化国家的专业企业服务不再简单地把心理压力太大的员工界定为"有问题的不正常的人"，而是普遍对其进行"增能"和"赋权"；对于诸如员工离婚、家庭破碎、婚后外遇等私人问题，工作中普遍倡导社会责任感并进行社区教育等。

3.创新化

社会工作创新化趋势主要表现为：社会工作在获取社会价值肯定性、展示福利活动有效性和呈现助人服务多元化的基础上，正在进一步走向发展、完善和创新，特别注重从预防、前瞻、长远和战略的高度来追求新的卓越，创造新的成绩，开创新的愿景；经济全球化时代的劳资关系正发生着新的变化，无论在资方还是在普通工人的内心深处，都不再把人假设为完全理性的"道德人"，博弈双方都在寻求新的条件来建立新的"共意""理解"和"支持"，社会工作者则成为促进这一变化发生的催化剂。

二、我国社会工作的发展历史与前景

（一）我国社会工作的发展历史

1.中国古代社会工作

（1）社会工作思想

中国古代最早的社会工作思想可以追溯到春秋战国时期。这一时期，社会思想开放，百家争鸣，许多思想家都在国家与社会发展方面提出了不少有建树的思想。

儒家思想代表者孔子在《礼记·礼运篇》中提出了大同理想："大道之行也，天下为公。选贤与能，讲信修睦。故人不独亲其亲，不独子其子，使老有所终，壮有所用，幼有所长……故外户而不闭，是谓大同。"为了实现社会大同，孔子及其弟子还制定了一些社会制度与规范。孟子提出"出入相友，守望相助，疾病相扶持"以及"老吾老，以及人之老；幼吾幼，以及人之幼"，包含了社会互助、福利、行政等内容。

墨家墨子在社会建设方面提出"天下之人皆相爱，强不执弱，众不劫寡，富不侮贫，贵不敖贱，诈不欺愚"，也是对美好社会的向往。

我国先秦时期的社会思想在当时具有理想性，并没有实现的可能，但是这种思想对我国社会发展的影响是深远的。

（2）社会福利实践

1）"保息六政"

"保息六政"是我国先秦时期的救济与福利政策。《周礼》记载："以保息六养万民：一曰慈幼，二曰养老，三曰振穷，四曰恤贫，五曰宽疾，六曰安富。"相当于现代社会的儿童福利、老年福利、社会救助、医疗服务、住宅与就业福利、社会救济等福利措施。

2）"荒政十二"

"荒政十二"是我国灾荒之年的救荒应急措施，是解决诸多社会问题的有效举措。就其中几个政策内容解析如下：

散财——给饥民粮食，解决受灾者的温饱问题。

薄征——减免租税，减轻弱势群体的经济负担。

去几——撤除关卡，促进货物流通和经济发展，减少贸易壁垒。

省礼——减少吉礼。

杀哀——减免凶礼用物，改善社会不良风气，促进社会精神文明建设。

除盗贼——稳定社会秩序，安定民心。

3）救荒恤贫

救荒恤贫是中国古代社会工作最完善的一部分内容，以仓储（储存粮食）为主要工作形式，具体操作如下：

平仓——政府储存粮食，控制和稳定粮食价格。

义仓——政府征粮或由富户义捐粮食，以备灾年放粮。

社仓——人民自行捐粮或者由政府贷给粮食，各地设粮仓，用于救济困难人群，是一种民间粮食互助形式。

4）仓储制度

仓储制度是中国古代最早介入救济事业的形式，比 1601 年西方的《济贫法》早一千多年。但专业社会工作并没有在中国率先形成和发展起来，这与我国自给自足的经济基础和中国传统家庭伦理思想密切相关。我国古人囿于较为封闭的亲友圈子之中，对他人所求不多，缺乏社会工作专业化发展的经济与文化土壤。

2. 中国近现代社会工作

（1）中国近代社会工作的开展

20 世纪 20 年代左右，社会学传入中国，社会工作开始在我国诞生。一些社会工作小组纷纷建立，如北京社会实进会（1913）、北京社会学会（1922）、中华教育文化基金董事会社会调查部（1926）等。

随着我国社会工作的发展，一些高校纷纷设立社会学系、开设社会工作课程，培养了早期的社会工作者。这些高校包括燕京大学、沪江大学、金陵大学、复旦大学等。

20 世纪 30 年代，我国农村天灾人祸并发，广大农村地区的人民群众备受战争、盗匪、水旱灾害的困扰。一直以来，靠自给自足的小农经济生存的百姓失去了生活来源，大量农业人口因战乱和灾荒流离失所，土地抛荒现象严重。同时，因经济落后而产生的文盲率高、科学落后、卫生条件差等各种社会问题日益突出。在这样的背景下，乡村建设势在必行。这一时期，广泛开展的乡村建设作为资产阶级的一种农村改良运动，成为我国早期社会工作的重要内容。不同的乡建团体从不同角度与领域入手，积极改造乡村。具体如下：

①扫盲：如晏阳初领导的中华平民教育促进会（平教会）。

②创造新文化：如梁漱溟领导的邹平乡村建设运动。

③推广工商职业教育：如黄炎培领导的中华职业教育社。

④以政府的力量推动乡村自治：如江宁自治实验县。

⑤除匪，农民自卫：如彭禹廷领导的镇平自治。

⑥社会调查和学术研究：如金陵大学、燕京大学等。

乡村建设运动是当时社会发展的必然要求，为我国之后社会工作的开展提供了参考经验。

（2）新中国成立后社会工作的发展

新中国成立之后，面对旧社会遗留下来的各种社会问题，我国政府采取了多样化的措施予以解决。这一时期，我国的社会工作主要集中在救灾和"生产自救"、为优抚对象提供福利、农村"五保"制度、国企职工社会保险和公费医疗等方面。为解决各种社会问题，我国相继建立了多种社会福利制度，如劳动保护、劳动保险、职工退休、公费医疗、社会救济等制度。

在社会工作教育方面，1947年，我国设立社会学系的高等院校增加到20所，如燕京大学、复旦大学、金陵大学、金陵女子大学等。但1952年的"院系调整"取消了社会学系，直到1979年，中断了近30年的社会工作专业才重新建立。

（3）改革开放后我国社会工作的发展

改革开放后，我国社会经济进入转型期，随之而来的各种社会问题开始出现。

1979年3月，邓小平指出："政治学、法学、社会学以及世界政治的研究，我们过去多年忽视了，现在也需要赶快补课。"同年，社会工作成为高校必修或选修课程。

1987年，国家教委批准在中国人民大学、北京大学、吉林大学、厦门大学等高校设立社会工作与管理专业。高校社会工作教育为我国社会工作的开展培养了大批人才。

1991年中国社会工作者协会成立，1992年我国加入国际社会工作者协会，1994年中国社会工作教育协会成立。

20世纪90年代以后，社会工作专业教育在我国迅猛发展。这一时期，我国社会工作正从非专业向专业过渡。究其原因，一方面，我国是一个发展中国家，正从农业社会向工业社会转型，社会分化不充分；另一方面，我国长期实行计划经济，市场经济的出现使得许多社会问题依旧要靠政府行政手段与方法解决。很长一段时期内，我国的社会工作是行政性非专业的社会工作。

3. 新时期中国社会工作的开展

2000年左右，上海浦东新区开始在医院、学校和社区设立社会工作站，标志着中国大陆社会工作实务的正式开展。

2003年3月，上海出台了《上海市社会工作者职业资格论证暂行办法》。同年11月，设社会工作者资格考试，标志着社会工作者资格的正式实行。

另外，这一年还组织专家对全国社会工作专业教育发展、职业队伍建设的现状，以及建立社会工作者职业资格制度的必要性、可行性等进行了大量研究和探索。

2004年，民政部组织有关人员到美国实地考察了社会工作职业化、专业化建设。2004年6月，劳动和社会保障部颁发了《社会工作者国家职业标准》，标志着中国社会工作正式走上了专业化发展的道路。

2005 年，以课题形式委托专家、学者对民政领域社会工作者岗位设置的有关问题进行了深入调研，并在上海举行研讨会，就我国社会工作的发展方向和制度建设等进行了广泛探讨。

2006 年，组织专家和实际社会工作者召开了社会工作者专业化、职业化研讨会，对社会福利机构设岗研究成果、社会工作者职业资格制度建设的发展思路进行了探讨。随后出台的《社会工作者职业水平评价暂行规定》和《助理社会工作师、社会工作师水平考试实施办法》，标志着我国社会工作这一职业真正踏上了专业化发展的道路。

2007 年 8 月，深圳通过社工"1+7"文件，社会工作专业化在深圳获得迅速发展。在发达地区，社会工作的入职资格、服务评价、服务机构建设等逐渐走上专业化的道路。

2008 年 6 月，进行了首次全国社会工作者职业水平考试，20086 人取得助理社会工作师职业水平证书，4105 人取得社会工作师职业水平证书。

2010 年 3 月 23 日，中国社会工作协会下发《关于印发〈中国社会工作协会法律事务管理暂行办法〉的通知》《关于转发民政部〈2010 年社会工作人才队伍建设和志愿者队伍建设工作要点〉的通知》，对我国社会工作相关法律事务、人才队伍建设和志愿者队伍建设提出了意见与指导建议。

2014 年 2 月 21 日，国务院颁布《社会救助暂行办法》，社会工作第一次被写入国家法规。同年 3 月 18 日，民政部首次启动全国"国际社工日"主题宣传活动。

2018 年，李克强总理在《2018 年政府工作报告》中要求"促进专业社会工作发展"。同年，颁布《高级社会工作师评价办法》，我国初、中、高级相衔接的社会工作者职业资格制度体系基本建成。

2019 年 3 月 19 日，全国社会工作主题宣传活动在北京启动，发布了社会工作标志。

新时期，随着我国社会主义和谐社会的不断建设，我国的社会工作开展日益受到重视，我国的社会工作也迎来了新机遇、新挑战。

（二）我国社会工作的发展前景

1. 社会工作发展与经济发展联系紧密

新时期，我国的发展任务主要是发展经济，全面建成小康社会，实现经济与社会的协调发展。

在现在和未来一段时间内，我国的经济发展都处于一个重要的转型时期——社会经济改革与转型时期，会因为社会资源分配不均而引发许多新问题，诸如社会公平、社会稳定、社会养老等问题。随着我国与世界经济发展的接轨，这些社会问题可能会加剧和被放大，因此，中国政府明确地提出经济与社会协调发展的新发展观，强调在发展经济的同时注重社会发展。新时期的社会工作的开展也必然与经济发展存在着密切的联系，建立公共政策体系，发展社会福利事业，也必然会更多地体现经济属性。

2. 社会工作专业人才将成为一支不可忽略的力量

社会工作的发展已经从初步的探索时期逐步进入关键的成长时期，一系列政策制度也在一步步地丰富完善，社会工作的专业化和职业化将在此进程中逐步实现，社会服务理念陈旧、方式僵化的局面将逐步转变，计划性社会服务时代的痼疾也将逐步去除。社会工作作为社会服务的重要手段，将成为社会建设和社会治理的骨干力量，这是许多发达国家和地区的基本经验。因此，在加强和创新社会管理的过程中，应注重社会工作专业人才的培育发展，高度重视和积极发挥专业社会工作者的积极作用。

3. 社会工作走向与中国社会发展相适应

社会工作是一种科学的助人制度，它具有科学性，也具有本土性。我国社会工作的发展必然要符合我国社会主义社会发展要求与趋势。

现阶段，与国外发达国家相比，我国的社会工作处于发展初期，需要专业化，也需要本土化。社会工作要与中国的发展相适应，要实现在解决问题中推动社会发展，就需要社会工作者认真分析中国的经济、政治、文化背景及变化趋势，结合我国社会背景和人民群众需要来开展各项社会工作。

4. 社会工作发展与民生工作有机结合

当前，我国政府关注民生，强调社会发展应促进人民生活水平的不断提高，不断提升广大人民群众的生活幸福感。为此，我国先后推出了各种与民生问题息息相关的政策，如教育、医疗、养老等政策。社会工作的服务对象是全体社会公民，社会工作的开展应与当前我国的民生工作有机结合起来，充分利用国家的惠民政策，推动惠民政策的落实，使受助对象在政策推动下真实受益。

第二章　社会工作的主要理论

本章重点讲述社会工作的主要理论，主要介绍了五个方面的内容，依次是心理动力视角、认知和行为视角、系统视角与生态视角、优势视角、社会发展视角与宏观视角。期望通过本章的讲述，使大家能够加深对相关知识的了解。

第一节　心理动力视角

心理动力视角是影响社会工作理论建构的最早的理论，它也是社会工作理论中影响最深、持续时间最长的理论视角，直到现在，心理动力视角仍然是众多社会工作理论视角中最有影响力的理论视角之一。在心理动力视角的影响下，不仅个人的人格成了把握社会工作理论逻辑和实践活动的关键，而且个人的心理结构和情绪被视为影响社会工作最重要的理论元素。由于心理动力视角自身也处于一个不断丰富、不断完善的发展过程，从传统的弗洛伊德的精神分析理论到现代的自我心理学，再到之后的客体关系理论和主体心理学等，因此受其影响的社会工作理论也出现丰富多彩的特点，包括直接将弗洛伊德的精神分析理论和自我心理学运用于社会工作实践中的心理社会治疗模式，把兰克的人格理论作为基本理论逻辑框架的功能理论，注重适应环境的个人自我功能的问题解决模式、危机介入模式和任务中心模式，以及深受客体关系理论影响的社会工作和自我心理学视角的社会工作。

一、心理社会治疗模式

（一）"人在情境中"

"人在情境中"又称为"人－环境格式塔"，虽然它只包含两个基本元素——个人和环境，但两者之间的关系非常复杂，不能理解成两者相互作用那么简单，它们相互影响并一起构成一个不能分割的整体。外部环境怎么影响个人和个人怎么看待外部环境有着密切的关系，不同的观察视角意味着对环境采取不同的应对方式；即使是同一个人，当他对环境的看法改变之后，他的行为方式也会随之改变。而人们所说的环境通常是指社会环境，与家人、朋友、邻里、雇主和老师等身边的人联系在一起，也与个人过去和现在的生活经历及经验联系在一起。个人和环境就是在这样一种复杂的关联中相互作用、相互依存。因此，对"人在情境中"的把握既需要深入个人的内心，了解他的感受、想法和需求，也需要仔细观察周围环境对他施加的影响，分析个人适应环境的具体过程。

"人在情境中"这个概念包含了个人与环境之间的复杂关联，是生态系统观点和心理动力观点的结合。其核心是强调个人人格系统是在特定的环境系统中发挥作用的，个人的自我在两者的联结中发挥着至关重要的作用。正因为如此，心理社会治疗模式在探究服务对象的问题时，是把服务对象放在特定的环境中考察的，既需要分析个人的人格，也需要分析外部环境的影响，特别是服务对象的自我功能所发挥的作用。

（二）人格系统

关于个人的人格系统，心理社会治疗模式主要吸收了弗洛伊德的人格三结构的基本观点，并且在此基础上融入自我理论、自我心理学以及客体关系理论等。特别是埃里克森有关个人人格发展阶段的描述和分析，让社会工作者直接看到了个人人格成长与周围环境之间的内在关联以及个人的自我在其中发挥的积极作用。

心理社会治疗模式最为关注的人格结构部分是自我，它是在个人本能基础上逐渐发展出来的理性分析能力。自我依据现实原则控制、调整和管理来自本能的各种冲动，并且处理来自超我和外部环境的各种压力，它承担着平衡个人内心各种冲动以及协调个人内部和外部各种矛盾的责任。在谈论自我到底能够发挥什么作用时，心理社会治疗模式的看法与弗洛伊德不同。它吸收了自我理论的观点，认为自我并不是本能的依附物，而是在生活经历中通过学习获得的，具有相对的独立性，能够帮助个人主动协调内心的矛盾，应对环境中的冲突，实现自己预定的目标。自我理论对自我独立性的强调启发了社会工作者，让社会工作者在运用心理社会治疗模式解决服务对象的困扰时更多地关注服务对象的人格系统所拥有的能力，而不是深究服务对象问题背后的本能冲动或者服务对象在儿童时期的创伤经历。

人格结构的三个部分——本我、自我、超我（自我典范）是相互关联的，三者一起构成整个人格系统。弗洛伊德认为人格发展是具有阶段性的，个人会经历五个连续发展的阶段，每个阶段的发展都有赖于前一阶段心理冲突的解决。这五个阶段是口腔期、肛门期、性蕾期、潜伏期和生殖器期（图 2-1-1）。在任何一个阶段，自我、本我、超我之间的冲突在得不到解决的情况下就会导致焦虑、压抑或压力，都会影响本阶段人格的发展和后续各个阶段的发展。

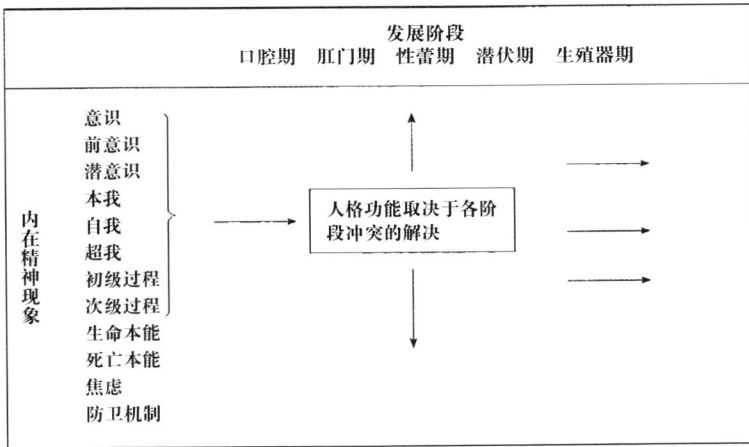

图 2-1-1　弗洛伊德精神分析学说的概念架构

人格系统的健康成长需要一定的外部条件，特别是在儿童时期，父母的悉心照顾尤为重要。由于受到自我心理学和客体关系理论的影响，心理社会治疗模式在观察和分析服务对象人格成长时非常关注个人独立性的形成，认为服务对象的人格发展困难通常是由父母的不当行为或者不良的外部环境条件导致的，如父母的过度保护或者疏于照顾，或者照顾过程中的自相矛盾以及恶劣的生活环境等。这些因素都使服务对象在成长过程中无法获得人格独立所需的环境条件。

在理解个人的人格系统时，心理社会治疗模式采用了两个重要的维度：发展的维度和环境的维度。发展的维度让社会工作者能够从历史的角度审视服务对象的个人人格与成长经历之间的联系；而环境的维度保证社会工作者能够从社会的角度理解服务对象的个人人格与周围环境之间的互动。当然，在服务对象身上，这两个维度是交错在一起的，服务对象的问题就是这两个维度中的各种因素交互影响产生的结果。心理社会治疗模式强调，社会工作者的工作场所就是服务对象的日常生活，只有深入服务对象的日常生活中，社会工作者才能够有机会观察影响服务对象的各种因素，包括内部的人格和外部的环境以及两者之间的相互影响。其中自我的作用不可忽视，它是服务对象在困境面前主动做出选择并且能够积极影响环境的能力。

（三）环境系统

对于环境的理解，系统概念的引入是一次根本性的进步，它让社会工作者能够深入环境中的不同系统，分析它们之间的差别和关联。而要具体了解社会环境对个人人格的影响过程，还需要借助另一个重要概念：社会角色。心理社会治疗模式在 20 世纪 60 年代引入了社会角色的概念，来帮助社会工作者深入分析社会环境与个人之间的内在关联。心理社会治疗模式认为，个人从出生之日起就生活在周围他人的角色行为期望中，这些角色行为期望与个人的具体行为方式和要求紧密相连，告诉行动者什么样的行为是对的、什么样的行为是错的。个人就是在这样的角色行为期望中调整自己的行为、回应周围他人的要求的。

社会角色的一个显著特点是交互性。也就是说，一个人的角色行为往往与另一个人的角色行为相联系，成功的角色行为不仅需要自己的行为符合角色要求，也需要他人角色行为的配合；如果一个人无法完成自己的角色行为，意味着与他关联的另一个人也将面临角色行为执行的困难。由于人们对角色行为期望的理解不同，相互之间常常因为不同的理解导致彼此行为的矛盾，甚至造成人际交往的冲突。

心理社会治疗模式还从文化人类学中吸取有益的观点，认为像婚姻、抚养孩子等人类的基本行为都受到文化的影响，是社会习俗作用的结果。特别是有关文化与个人行为之间关系的研究，给心理社会治疗模式以很大的启发。心理社会治疗模式发现，文化视角是正确理解服务对象困难的重要角度，只有把服务对象放在他所生活的群体中观察文化对他的影响，才能区分哪些是文化差异导致的、哪些是真正的问题；否则，社会工作者对服务对象的分析和理解就会陷入文化的成见中。当然，文化的影响不仅表现在对服务对象的理解上，也表现在社会工作者与服务对象的交往中，直接关乎辅导关系的建立和服务活动的开展。

在心理社会治疗模式看来，沟通和人际关系是不能分割的，良好的人际关系依赖良好的沟通，而沟通出现困难会导致人际关系的紧张。

（四）力量均衡

建立了"人在情境中"的基本理论框架之后，心理社会治疗模式还对其中的运行方式做了更细致的探索，提出力量均衡的概念，以指导社会工作者开展具体的实务工作。所谓力量均衡，是指个人的人格系统内部以及人格系统与环境系统之间是各种力量相互作用产生的平衡状态，一旦任何一部分力量发生变化，整个系统就需要寻找新的平衡点。也就是说，社会工作者在分析服务对象的内心困扰时，需要结合外部环境来考察，了解两者是通过什么方式达到力量均衡的。即使在分析服务对象内心面临的困扰时，社会工作者也需要将服务对象的人格分成本我、自我以及超我三个部分，了解三者之间如何相互影响以达到力量的均衡。

正是由于力量均衡这个概念，心理社会治疗模式在服务实践中并不强调直接深挖服务对象的无意识或者服务对象在儿童时期的创伤经历，而是注重运用内部与外部以及内部各部分力量相互作用的方式实现服务对象的深度改变。力量均衡还有另一层含义：一种力量发挥作用，意味着与此相反的力量也在发挥作用，服务对象问题的产生和变化是这两种对立的力量相互影响的结果。因此，心理社会治疗模式认为，服务对象面对的外部环境条件不是绝对的，既有不利的因素，也有有利的因素，是这两种对立的因素相互作用的结果；只是在某种环境下不利因素占了主导地位，而在另一种环境下有利因素处于主要位置。服务对象的内心也一样，存在相互矛盾的愿望。

这种力量相互对立、相互制约的观点让社会工作者避免陷入单向的直线思维逻辑中，在注意观察服务对象在困境中出现问题的时候，也看到服务对象拥有的能力和资源，并且通过对相互作用机制的分析准确了解服务对象的变化方向。如果从力量均衡的角度来看服务对象，服务对象的问题就是对立的各种力量相互影响后产生的一种平衡状态。自我功能的任何一点微小改变都将可能带来服务对象在社会功能方面的改善，通过社会功能的改善，又可以进一步增强服务对象对自己的信心，从而对服务对象的行为和感受的改变带来长久的影响。

（五）能力挖掘

尽管心理社会治疗模式借用了医学的"诊断"概念来概括社会工作者对服务

对象的问题进行分析的过程，但这并不意味着心理社会治疗模式就认同这样的看法：服务对象的问题是由个人原因造成的。实际上，心理社会治疗模式始终强调运用"人在情境中"的理论逻辑框架分析服务对象的问题，而且把对服务对象能力的确认也视为诊断中不可缺少的内容。

心理社会治疗模式认为，服务对象最容易改变的不是有问题的方面，而是仍然健康的方面。特别是在服务对象深陷精神困扰的时候，健康环境的影响更为直接、更为有效。正因为如此，心理社会治疗模式强调社会工作的介入更关注挖掘服务对象的能力、促进服务对象的成长，而可以不直接针对服务对象的问题。为了帮助社会工作者找到服务对象的能力，心理社会治疗模式在社会工作者与服务对象的第一次面谈中专门设计了一些提问，要求社会工作者在了解了服务对象的问题之后，进一步询问服务对象：曾经做过什么尝试来减轻困扰？其中哪些有效果、哪些没有什么效果？等等。通过倾听服务对象的回答，社会工作者不仅能够了解服务对象应对困扰的能力和方法以及自我发挥的作用，而且能够同时让服务对象看到他们自己在困境中的能力，提高服务对象参与面谈的热情。

心理社会治疗模式认为，借助服务对象能力的寻找和挖掘过程，社会工作者就能帮助服务对象更好地运用周围环境中的资源，使服务对象能够重新找到适应周围环境的最佳平衡点。在具体的治疗活动中，心理社会治疗模式推崇一种能够帮助服务对象恢复和提高自我功能的服务策略，而不是直接告知服务对象什么是对的或者什么是错的，让服务对象通过社会工作者的服务介入活动提升而不是削弱自我的功能。也就是说，在实际的治疗活动中，社会工作者的任务是给服务对象提供充分的机会，让服务对象在可信的辅导关系中学会自己确定努力的目标和方向，运用自我的功能评估内部和外部的生活状况，并且由服务对象自己做出行动选择。因此，社会工作者就需要改变提问的方式，不是直接询问服务对象面临的问题是什么，而是让服务对象自己描述面临什么问题。

二、自我心理学视角与问题解决模式

（一）自我心理学视角的社会工作

自我心理学视角的社会工作的基本概念和逻辑框架来源于自我心理学。但是由于自我心理学本身只是一个松散的理论称谓，它并没有形成一个内容清晰、一致的定义，因此这也导致了自我心理学视角的社会工作的多样性和模糊性。

1. 自我心理学的核心概念

依据高尔德斯汀的看法，自我心理学视角的社会工作中的自我概念涉及三个方面的基本内容：自我功能、自我防卫、自我掌控感。

（1）自我功能

自我功能是指个人适应环境的具体方式，它包括十二项具体功能，即现实的验证，行动的判断，外部世界和自我的真实感受，内部愿望、情绪和冲动的控制和管理，客体关系的建设，思维方式的转变，适应性的退缩，防卫功能，刺激障碍的设置，自主功能，掌控的能力和整合功能。仔细分析这十二项自我功能就可以发现，自我心理学视角的社会工作是从三个层面来设定自我功能的：第一个层面，个人对环境的直接适应，包括第一项现实的验证到第三项外部世界和自我的真实感受。这一层面的自我功能强调客观区分内部心理和外部世界的重要性；第二个层面，个人内部心理的调整，包括第四项内部愿望、情绪和冲动的控制和管理到第八项防卫功能。这一层面的自我功能关注个人适应外部环境过程中对内部心理的调整。第三个层面，个人对环境的掌控。这一层面的自我功能注重个人在适应外部环境过程中对外部环境的掌控。

（2）自我防卫

每个人都下意识地以不同的防卫功能去保护自己免于焦虑、崩溃或受到威胁。防卫机制可以包括以下内容：

①利他，自我牺牲、服务他人而获得满足。

②禁欲，抑制某些欲望从而避免焦虑和冲突。

③否认，不知晓或不接受关于自己的感情、冲动、思维或体验的现实。

④移置，将关于某个人的不可接受的感觉放置在另外的人或情景中。

⑤智识化，思考那些不可接受的感觉和冲动而不是体验之。

⑥分离，将感觉和特定的内容分开。

⑦理智化，应用逻辑思维去判断特定观点和行为，从而避免认知到其潜在的不可接受的动机。

⑧反应构成，用对立的感觉或冲动替代不适的感觉或冲动。

⑨退行，为了回避目前的焦虑，返回到早期发展阶段、功能水平和行为方式。

⑩压抑，对不适的情感、冲动和体验视而不见。

⑪躯体化，不能接受的冲动或冲突被转化成躯体症状。

⑫分隔，将两种矛盾的状态（例如爱和恨）分开而非融合。

⑬升华，将不可接受的冲动以社会接受的方式进行表达。

⑭随遇而安，采取一种无所谓的态度去应对。

⑮投射，将不能接受的感觉和冲动赋予他人。

（3）自我掌控感

自我掌控感是理解适应性行为的重要概念。美国心理学家埃里克森认为最佳自我发展是对阶段性特殊发展任务和危机掌控的结果，他认为从出生到死亡的过程中，每一个危机的解决都导致某种自我同一感并构成自我感觉的核心组成部分。他提出了八个危机，对危机的处理结果不同可形成不同的自我掌控感，它们分别是获得基本信任感而克服基本不信任感；获得独立自主感从而减少羞耻和不安；获得主动感而克服内疚感；获得勤奋感而避免自卑感；获得认同感而克服认同混乱；获得亲密感而避免孤独感；获得创造力感而避免"自我专注"；获得自我完整感而避免失望感。

在自我心理学视角的社会工作看来，自我在调整内心的冲动和适应外部的环境过程中有一项重要的心理机制，这就是自我防卫。它能够保护个人免受焦虑和痛苦的困扰。虽然在现实生活中每个人都使用过自我防卫，但是每个人具体运用的方式和依赖程度是不同的，这也就导致了不同结果。就一般情况而言，积极的自我防卫更具有弹性和选择性。为了仔细考察个人内部的防卫机制与外部环境之间的关联，自我心理学视角的社会工作将防卫机制和应对机制做了区分，认为防卫机制比较古板、被动，而且通常受到过去经历的驱使，它容易导致曲解现实的现象。与防卫机制不同，应对机制更有弹性、更为主动，而且它通常关注未来改变的可能性。因此，应对机制更开放，更具有目的性和现实性。

2. 自我和环境

经过埃里克森和德国心理学家哈特曼的努力，自我和环境这两个元素直接联结起来，成为个人适应外部环境过程中不可缺少的两个基本要素。尤其是埃里克森，他把个人的自我放在个人成长的八个阶段的社会环境中来考察，让社会工作者直接看到个人的自我与周围环境之间的相互影响。自我心理学视角的社会工作强调，将女性主义性别概念融入社会工作，不是为了批判自我心理学中的个人自我的观点，而是拓宽社会工作者的视野，使社会工作者避免陷入将女性的独特成长经验曲解为问题的困境中。此外，自我心理学视角的社会工作还将种族和文化的概念融入社会工作的专业服务中，认为社会工作的专业实践场景并不是"客观"的生态系统，而是包含了不同种族、不同文化的社会政治环境。在这样的社会政治环境中，如果社会工作者只是秉持一种主流的文化价值观，就会把弱势群体、少数族群和边缘文化的人群视为问题的根源，忽视这些不同人群自身独特的发展要求，甚至将这些不同人群的独特要求当作问题的表现。在自我心理学视角的社会工作的逻辑框架中，引入种族和文化的概念并不仅仅是为了增添一个新的需要评估的项目，同时也是为了扩展社会工作者对外部环境的理解视角，让社会工作者能够走进不同人群的日常社会生活中，理解他们在应对外部环境挑战过程中自身所拥有的能力和独特的个性。

将外部环境延伸为包含了不同性别、种族和文化的社会政治环境后，自我心理学视角的社会工作发现，个人自我意识的提升就显得尤为重要。因为外部社会政治环境的改善有赖于个人对自己以及周围他人生活处境的了解，特别是有赖于对自己所拥有的价值观、生活态度、人生经历和个人风格等方面的理解。因此，自我心理学视角的社会工作认为，个人自我意识的提升才是社会工作专业服务的核心目标。

3. 自我功能和环境状况的评估

自我心理学视角的社会工作有自己独特的评估框架，它是把自我和环境两个元素结合在一起评估的，既关注个人自我功能的发挥状况，也注重社会环境的支持情况，重点分析个人与环境之间是如何相互影响的。具体来说，自我心理学视角的社会工作的评估涉及四个方面：了解个人与环境在现时的处境下相互影响的方式，特别是个人能够顺利承担主要社会角色和任务的程度；明了个人自我功能的发挥状况，包括自我功能适应的方面和不适应的方面；分析个人成长过程中的关键事件，了解这些事件对个人现时的回应环境方式的影响；探究外部环境对个人自我功能发挥消极方面的影响程度，了解外部环境中的阻碍因素。

显然，上述四个方面的评估内容反映了自我心理学视角的社会工作评估的基本原则，即保持三个方面关系的平衡：一是现在和过去的平衡，以现在为重点，根据服务对象的问题表现结合服务对象过去经历的考察；二是个人自我和外部环境的平衡，重点分析个人自我与外部环境之间的相互影响和相互转化；三是问题和能力的平衡，既关注个人自我功能发挥的状况，也关注自我功能的不足之处。为了帮助社会工作者准确把握评估的基本原则，自我心理学视角的社会工作还设计了五个评估问题，让社会工作者在评估过程中不断提问自己，以保证正确的评估方向。这五个评估问题是：个人承担的社会角色和任务在多大程度上影响服务对象的问题；外部环境（或者以前的创伤经历）在多大程度上影响服务对象的问题；个人自我功能的不足在多大程度上影响服务对象的问题；外部环境资源的缺乏（或者个人能力与环境要求的不匹配）在多大程度上影响服务对象的问题；在克服问题过程中，服务对象可以发掘的个人能力和环境资源是什么。自我心理学视角的社会工作认为，通过对这五个评估问题的探究，社会工作者最终能够得出三个方面的评估结论，即服务对象的自我功能状况、外部环境状况以及服务对象的个人自我与外部环境的匹配状况。

在评估过程中，自我心理学视角的社会工作把服务对象的自我总结报告作为最重要的资料来源，认为这种类型的资料能够直接反映服务对象的内心想法和感受以及个人自我功能的发挥状况，呈现服务对象在应对外部环境挑战过程中的自主性和潜力。

4.自我支持的介入策略

在考察服务介入的策略时，自我心理学视角的社会工作从自我这个核心概念出发，根据服务介入过程中自我改变的不同方式确定不同的介入策略，从而对社会工作的介入策略和心理治疗的介入策略做出区分。自我心理学视角的社会工作认为，促进自我改变的方式通常有两种：一种是以恢复、维持或者提高自我的适应功能为焦点的介入策略，称为自我支持的介入策略；另一种是以修补或者调整个人人格的基本类型或者结构为重点的介入策略，称为自我修正的介入策略。显然，社会工作推崇的是以加强个人自我适应功能为核心的自我支持的介入策略。

自我心理学视角的社会工作认为，社会工作之所以把增强个人自我适应功能作为服务介入的核心，是因为社会工作面对的服务对象以及需要解决的问题都与心理治疗不同。社会工作面对的服务对象通常有两类：一类是个人成长过程中由于环境压力过大而导致的个人自我适应功能不足的服务对象；另一类是个人的自我功能存在不足但并没有妨碍基本功能发挥的服务对象。可见，社会工作帮助的是自我功能发挥暂时遇到困难或者存在不足的服务对象，这些服务对象的自我功能并没有受到根本性损害。与社会工作不同，心理治疗经常遇到的是那些个人人格的基本类型或者结构有着明显问题的服务对象，这些问题严重妨碍了个人自我功能的发挥。

在解决问题方面，自我心理学视角的社会工作强调，社会工作关注的是提高服务对象在成长过程中的自我独立性和掌控能力，帮助服务对象有效应对个人成长过程中出现的各种危机。特别是提高服务对象的理解能力，协助服务对象充分了解自己的行为给别人造成的影响以及学习更为有效的应对技能和运用自我功能摆脱冲突的能力。而心理治疗不同，它注重的是通过注入新的认识和理解减少服务对象的无意识冲突，改善服务对象的人格，从而促进服务对象自我功能的有效发挥。

5. 积极、现实的合作关系

与其他社会工作服务模式一样，自我心理学视角的社会工作也强调社会工作者与服务对象建立信任合作关系的重要性，认为社会工作者不能站在"客观中立"的立场与服务对象沟通；否则，社会工作者与服务对象之间的信任合作关系是无法建立的。社会工作者在服务过程中需要展现社会工作的一些核心价值观，如接纳服务对象自身的价值，对服务对象的行为表现采取不批判的态度，肯定服务对象的独特性，尊重服务对象的自我决定权以及保护服务对象的隐私等，让服务对象感受到社会工作者的同理心。在自我心理学视角的社会工作看来，社会工作者与服务对象的信任合作关系是一种专业的帮助关系，不同于朋友之间的相互支持，它将专业的价值伦理作为这种信任合作关系的支撑。

个人自我和外部环境的关联既是自我心理学视角的社会工作考察的重点，也是服务开展的焦点。这样的关联最常见的呈现单位就是家庭和小组。自我心理学视角的社会工作在实践过程中发现，自我心理学所倡导的这些逻辑概念不仅可以运用于个人的社会工作实践中，也可以运用于家庭和小组的服务中。只不过运用这种视角理解家庭成员和小组成员的关系时不是依据系统理论，而是依据个人自我与其他成员之间相互影响和相互转化的逻辑。就这点而言，自我心理学视角的社会工作的介入更为深入，它不仅涉及服务对象和其他成员个人自我功能的改善和调整，包括个人解决问题能力的提高、适应环境能力的提升以及生活掌控能力的增强等，而且为不同成员提供更为包容的家庭或者小组氛围。实际上，自我心理学视角的社会工作已经不仅被广泛应用于个人、家庭、小组或者社区等的直接服务中，而且逐渐被当作服务的基本逻辑框架影响大型社会服务项目和社会政策的设计。值得注意的是，虽然自我心理学视角的社会工作对自我的内涵有多种不同角度的理解，甚至到目前为止还没有形成一个统一的认识，但是它为社会工作实践提供了一个非常有意义的理解个人自我与外部环境之间如何相互影响的理论逻辑框架。这样的理论逻辑框架让社会工作者既关注个人的心理，也关注外部的环境，还注重个人自我的成长和发展。显然，针对个人与环境的关联，自我心理学视角的社会工作所坚持的是一种积极、整体性的观察视角。

（二）问题解决模式

1. 成长中的问题

自我心理学认为问题或挑战源自个人的内部冲突或个人与环境之间的冲突，因此案主（服务对象）的压力来自环境的压力或者发挥不良的自我功能。由此，自我心理学取向的干预目标是帮助案主建立新的自我优势或者有效利用现有的自我优势。自我心理学的治疗原则是：辨识案主的自我功能失调与当前问题之间的关联；考察案主问题、自我功能与外在环境之间的关联；经由自我发展增加案主的内在能量；改变环境条件；提高个人的自我能力和环境条件之间的配合度。

从问题解决模式对人格结构功能的设置可以看到，虽然它使用了精神分析理论的一些重要概念，如人格和自我等，但是它与弗洛伊德的理论有着根本性的区别，其强调的是人与环境之间的关联，而不是意识和无意识的划分。

问题解决模式强调，个人人格的结构和功能是个人与周围环境在生理、心理和社会三个层面的相互影响过程中形成的，它既是这种相互影响方式的结果，也是促使这种相互影响方式调整的因素。问题解决模式认为，个人与周围环境是不能分割的，不能把个人从周围环境中分离出来，也不能把周围环境简单视为固定不变的"事实"。因为个人总是与周围他人的交往联系在一起，而在交往中个人就会赋予自己的生活以一定的意义和目标。因此，虽然到社会服务机构求助的对象可能只有一人，但是社会工作者在考察求助对象时，不能忽视与之关联的重要他人和周围环境。

在问题解决模式的逻辑框架中，个案社会工作需要解决的是个人在社会功能方面遭遇的问题。这些问题既可能是由个人未满足的需要导致的，如因为缺乏必要的受教育机会，求助对象无法有效适应社会生活；也可能是由生活中的压力导致的，如因为生活压力过大，求助对象感到无力应对周围环境的要求。问题解决模式强调，社会工作的关注焦点是通过分析了解影响服务对象与周围环境交流的各种因素，帮助服务对象处理在日常生活中遇到的挫折，增强服务对象的社会适应性和满意感。

2. 问题的关联性

对于需要解决的问题，问题解决模式进行了细致的分析，认为服务对象面对的问题通常涉及多个方面，而且相互之间有着内在的关联。因此在开展具体的服务之前，社会工作者就需要和服务对象一起做出选择：以哪个或者哪方面的问题为工作目标？问题解决模式在自己的专业实践活动中发现，社会工作者普遍存在这样一种误解，认为只有对服务对象的问题进行深入的分析和全面的了解，掌握问题发展变化的因果规律，才能找到解决问题的有效方法；而且分析得越深入，解决方法就越有效。实际上，问题解决模式强调，在日常生活中要全面理解一个问题已经是一件不容易的事，而要一下子彻底解决一个问题几乎是不太现实的。因此，面对问题，就需要有所选择和合理安排，有的放在前，有的放在后，分阶段、分步骤地解决面临的问题。这种分阶段、分步骤解决问题的策略在实际专业服务实践中不失为明智的选择，因为一个小问题的解决至少可以增强社会工作者和服务对象的信心，使他们相信改变是可以发生的，同时也有利于下一步改变的实现。

3. 机构中的专业服务

问题解决模式继承了功能理论的观点，把问题解决过程放在一定的社会环境中进行，认为社会工作专业服务是在一定的社会服务机构中开展的，它的工作范围、服务焦点和实施条件等都受到社会服务机构本身状况的影响。社会服务机构虽然千差万别，但就一般情况而言，它们都受到三个方面的主要因素的影响。

一是服务对象。它是指社会服务机构提供社会工作专业服务的基础，就像医院负责接待看病的病人、学校负责学生品行教育一样，社会服务机构也有自己需要负责解决的问题——人们在日常生活中遭遇的心理和社会方面的困难。如果求助对象遇到这样的困难而又不会利用机构所提供的服务，他就是社会服务机构的服务对象。

二是依据的条件。它是指社会服务机构提供社会工作专业服务所依据的条件，如社会工作专业服务是社会服务机构提供的首要服务还是次要服务，社会服务机构得到的是公共资金的支持还是私人资金的支持等。这些条件影响了社会服务机构所提供的社会工作专业服务。

三是机构的服务领域。它是指社会服务机构通过社会工作专业服务满足服务对象需求的内容和范围。服务对象的不同需求意味着社会服务机构需要拥有不同的服务资源和专业知识。在问题解决模式看来，社会工作专业服务体现的是某部分社会成员的意愿，它是整个社会福利服务的组成部分。在通常情况下，人们会把社会工作专业服务仅仅视为社会服务机构提供的专业服务，受到机构工作人员和管理人员的素质和工作态度的影响，甚至不少社会工作者也这样理解。实际上，在问题解决模式视角下，社会工作专业服务同时还需要兼顾相关社区的发展要求，这是社会工作专业服务得以维持的社会基础。

4. 社会工作者扮演的角色

社会工作者扮演的角色主要包括以下六个：

①服务提供者。这里的服务既包括提供心理咨询和意见咨询，也包括提供物质帮助和劳务帮助。

②支持者。社会工作者面对求助者不但要提供直接服务或帮助，也要鼓励受助者在可能的情况下自强自立、克服困难，即助人自助。因此，社会工作者应该成为受助者积极反应的支持者、鼓励者，并应尽量创造条件让受助人获得发展。

③倡导者。在一定的情况下，社会工作者应该成为受助者采取某种行为的倡导者，即当受助者必须采取新的行动才能有助于其走出困境时，社会工作者应该向其倡导某种合理行为，并指导他们获得成功。

④管理者。在开展社会工作的过程中，社会工作者应该对该过程进行有效的控制；同时，他们必须对与助人相关的诸多资源、信息进行协调、安排和管理，以实现该过程的高效率，避免出现意外问题。管理者的角色不但对社会行政工作十分重要，对个案工作、小组工作和社区工作也同样重要。

⑤资源获取者。在许多情况下，社会工作者为了有效助人，常常需要联系政府部门、企事业单位、其他福利服务机构和社会人士，向他们争取受助者所需要的资源，并将它们转送到受助者的手中。

⑥协调者。社会工作需要处理受助者与相关人群及环境的关系，要缓解、消除他们之间的紧张关系，这时社会工作者就要扮演协调者的角色。在调配多方资源解决受助者问题的过程中，也需要对各方的支持活动进行协调。

在问题解决模式看来，社会工作者在问题解决过程中扮演的是协助者的角色，即在应对问题过程中帮助服务对象提升适应的能力。具体而言，这种协助者角色应具备三个方面的基本功能：第一，与服务对象建立信任合作的关系，以影响服务对象与问题的关联方式；第二，为服务对象提供系统的帮助，以协助服务对象明确自己面对的问题并找到解决问题的方法；第三，给服务对象提供必要的资源和机会，以帮助服务对象练习和掌握新的适应方法。

5. 分享式的情感交流

针对社会工作者与服务对象建立信任合作关系这一任务，问题解决模式有自己的看法，认为任何信任关系的建立都来源于分享式的情感交流。问题解决模式假设，任何生命有机体的成长都离不开两个条件——悉心照顾和成长潜力的发挥，即生命有机体在成长过程中除了需要有机会发挥自己的潜力以及满足物质方面的要求外，还需要精神层面的照顾和关心，这就是人们常说的人格的培养。特别是在服务对象遭遇困难的时候，他们就更需要精神层面的支持。因为在问题解决模式看来，服务对象在解决问题过程中不仅需要付出很多努力，而且需要承担因改变带来的各种责任；在这样的压力下，服务对象只有与社会工作者建立和保持信任合作关系，并且由此感受到改变的希望和信心时，才能在解决问题的努力和付出中坚持下来。显然，在问题解决的过程中，既需要一方投入自己的情感并且表达内心的感受，也需要另一方对此做出积极的回应，分享彼此内心的不安、担忧和喜悦等不同情绪。问题解决模式强调，只有通过这样的情感交流，服务对象才能产生一种与社会工作者"联结在一起"的感觉。从更深的层次来说，只有借助这种分享式的情感交流，服务对象才能在内心逐渐建立起安全感和自信心的基础——与他人的联结感以及个人的价值感。

三、危机介入模式与任务中心模式

（一）危机介入模式

危机介入模式借鉴了心理社会治疗模式的基本逻辑框架，从心理、社会两个维度理解人们遇到的危机并且针对危机开展服务介入活动。一方面，它从弗洛伊德精神分析学派的人格理论中挖掘有益的思想，帮助社会工作者更好地理解人在危机中的内部心理变化；另一方面，它又从社会科学中学习有用的概念，加深社会工作者对危机处境的理解，而且将个人与环境两个因素联结起来作为危机介入的核心。

危机介入模式涉及很多内容，而且被广泛运用于不同的服务领域，它有自己清晰的理论逻辑框架建构的重点，主要包括两个方面：一是危机的界定，解释危机的基本构成、运行的主要机制以及变化的基本过程；二是危机介入模式的建构，整理和总结针对不同人群开展有效服务的不同介入策略和方法。

1. 危机

所谓危机，是指个人或者群体的一种心理失衡状态。虽然这种状态持续的时间通常比较短暂，但是它会对人的能力造成损害，让人感到无力应对眼前的某个特殊事件，使个人的生活面临严重的威胁或者损害。危机可分为三类：成长危机，即每个人在成长过程中因面对不同的任务而产生的危机；情境危机，即因生活情境的突然改变而引发的危机；存在性危机，即由人生中的重要问题或者重要决定所产生的内心冲突与不安。危机介入的基本原则包括：及时处理、限定目标、输入希望、提供支持、恢复自尊、培养自主能力。

需要注意的是，危机介入模式所说的危机是指当下或者近期发生的特殊事件，虽然它也可能引发服务对象以往经历中的不愉快甚至创伤，但是它本身与当下的具体处境和具体困难相联系，具有即时和紧迫的特征。当然，如果处理不当，这些特殊事件不仅影响服务对象，成为服务对象以后生活中出现危机事件的重要源头，也影响服务对象的周围他人。因此，危机不仅仅是针对服务对象来说的，同时还包括服务对象周围的重要他人，具有人际维度的特征。判断服务对象是否面临危机，就是要看他的能力是否受到损害，主要涉及四个方面的能力：服务对象与周围他人建立和维持满意的情感联系的能力；服务对象运用自身资源和有效开展工作的能力；服务对象客观观察和理解现实的能力；服务对象适应环境或者改变环境的能力。仔细分析这四个方面的能力就会发现，危机介入模式所说的危机是针对服务对象适应环境或者改变环境的能力而言的，表明服务对象无力应对生活中的某个特殊事件。它依据的是自我心理学的原理，强调自我具有适应环境的重要功能。

实际上，对危机概念的界定并不是那么清晰，有时危机和危机事件甚至危机过程混淆在一起使用。就一般情况而言，危机通常包括三个层面的内涵：某个危机事件或者危机处境，是服务对象生活的外部环境；服务对象的某种特殊的心理状况，是服务对象对危机事件或者危机处境所做的无效回应；服务对象与危机事件或者危机环境相互影响的过程，既涉及外部环境中的危机事件，也涉及服务对象内部的特殊心理状况以及两者之间的相互影响过程。

2. 社区为本的预防策略

在危机介入模式的发展初期，就有不少学者观察到，危机发生后的及时介入是解决危机的有效方式。他们认为危机只是使人们处于暂时的情绪困扰中，如果这些受助者能够得到及时的帮助，他们的状况就能够迅速得到改观。因此，危机介入模式推崇一种社区为本的预防策略，要求尽早筛查出需要专业介入和帮助的人群，并且在危机发生的现实生活场景中及时开展服务。值得注意的是，社区为本的预防策略在服务介入的时间和地点安排上都有特别的考虑，它所呈现出来的基本逻辑与以往的社会工作服务模式存在很大的差别。就服务介入的时间来说，危机介入模式假设危机发生的阶段是服务对象改变的最佳时机，因为这个阶段虽然使服务对象处于情绪困扰中，但它同时也为服务对象的改变提供了条件，让服务对象发现必须调整自己习以为常的行为方式，以便找到解决问题的有效方法。因此，危机介入模式认为，危机阶段是服务对象心理最脆弱的时期，极容易受到周围他人的影响，是社会工作介入的最佳时期。

3. 应对能力提升的心理社会介入策略

危机介入模式在自己的实践探索中发现，当服务对象面对危机的困扰时，他们首先希望社会工作者解决的是眼前的危机。这样，社会工作的介入重点就自然集中在应对危机能力的提升上，包括如何接受眼前的危机以及如何设法解决面临的问题。显然，在危机介入模式看来，如果社会工作者在危机中只关注服务对象内部心理的调整，帮助服务对象摆脱内心的困扰，这样的介入策略在遭遇巨大外部生活压力的服务对象面前是很难实施的；如果社会工作者在危机中只注重运用服务对象的外部资源帮助服务对象减轻生活的压力，这样的介入策略虽然能够帮助服务对象暂时摆脱危机的困扰，但无法保证服务对象在下一次遇到类似的危机时具有应对的能力。因此，危机介入模式强调，不管社会工作者在危机中采取的是外部支持还是心理调整的方式，他的工作核心只有一个：帮助服务对象提升应对危机的能力。

此外，危机介入模式还从问题解决模式中引入"问题解决"这个概念，并且把它与危机困扰的消除结合起来，认为帮助服务对象消除危机困扰的核心是提升服务对象的问题解决能力。因此，无论情绪的疏导还是其他形式的介入都需要围绕这个核心。其中，调整认知是社会工作者在危机介入中提升服务对象问题解决能力的一种常用方式。危机介入模式认为，服务对象在危机中往往由于受到情绪的影响而不知所措，无法仔细分析危机产生的原因，因而也就无法找到应对危机的有效方式。在这样的情况下，社会工作者所要做的除了疏导服务对象的危机情绪之外，还需要通过对问题影响因素的分析和确认帮助服务对象重新找回认知的掌控和重构能力，提升服务对象应对问题的针对性和准确性。危机介入模式强调，即使在帮助服务对象疏导情绪的过程中，社会工作者也需要关注服务对象认知的调整，通过鼓励服务对象表达自己内心的感受让其把背后的行为逻辑呈现出来，从而帮助服务对象找到更有效的问题应对方式。

4. 自然生活场景中的专业合作关系

在社区为本的预防策略以及应对能力提升的心理社会介入策略中，有一个基本假设：社会工作者最有利的工作场景是服务对象的日常自然生活环境。工作场景的这一变化不仅意味着社会工作服务环境的改变，同时它也对社会工作者与服务对象之间的合作关系提出了新的要求。社会工作者不再是坐在机构的辅导室内等待服务对象主动上门寻求帮助的服务提供者，而是主动走出机构在服务对象的日常生活中寻找机会开展活动的服务拓展者。显然，与以往的社会工作服务模式相比，危机介入模式更为关注社会工作者在专业合作关系建立中产生的积极影响，强调社会工作者主动挖掘服务对象需求和主动引导服务对象发挥作用。值得注意的是，危机介入模式之所以这样界定社会工作者的角色和作用，不仅仅是出于服务策略的考虑，更为重要的是，它把社会工作者视为社会公共服务的提供者，认为社会工作者有责任为社区中的居民提供从危机康复到危机预防的一系列专业服务。危机介入模式认为，如果在服务对象的自然生活场景中开展服务，社会工作者与服务对象之间的合作关系还会出现第二个显著变化，它只是服务对象众多人际交往关系中的一种。这样，社会工作者不再是服务对象应对危机的唯一求助对象，而是成为服务对象日常生活中的一种支持。其作用也不是直接向服务对象提供应对危机所需的各种专业服务，而是帮助服务对象建立能够及时应对危机的支持网络，整合各种不同的资源，特别是服务对象在日常人际交往中形成的非正式的人脉资源。

社会工作者与服务对象之间的合作关系包含两个层面的内容：一是对服务对象开展直接服务而建立的合作关系，二是整合其他专业力量为服务对象提供综合服务而建立的合作关系。显然，这种多专业合作的视角不仅扩展了社会工作者与其他专业人士之间的相互合作，也改变了社会工作者与服务对象之间的合作关系。对于社会工作者来说，一旦采用多专业合作的视角开展专业服务，其所面临的挑战就不仅仅是不同专业之间怎样合作，同时还包括怎么提高自己的警觉性。危机介入模式强调，所谓多专业合作，其实意味着社会工作者需要放弃专业的保护面具，从不同的角度理解服务对象的需要。为此，社会工作者需要做好准备，对自己习以为常的东西保持警觉，学会真诚地面对自己的缺点。

（二）任务中心模式

任务中心模式完全产生于社会工作领域，来自芝加哥大学的雷伊德等人的一系列著名研究。这些研究发现：首先，出乎当时所有人的意料，将长期治疗缩短后，其治疗效果与全程的长期治疗效果一样。其次，"有计划的短期治疗"是有效的。最后，据此而设计的任务中心模式是有效的。任务中心模式把焦点放在问题上，它与珀尔曼的问题解决取向的个案工作存在一定的关联，并大致上取代了后者。

任务中心模式的创建者雷伊德在给任务中心模式定位时，选择了与以往社会工作理论不同的逻辑。他把任务中心模式视为一种经验实践活动，既涉及助人的社会工作介入活动，也涉及科学的研究工作。他反对运用演绎逻辑的方式直接借用没有经过科学研究验证的理论和原则推理出服务对象的需求和行为表现的做法，强调服务的评估、开展过程和效果呈现都需要与科学研究工作结合起来。从具体的问题描述出发，寻找、建构并且验证合理的理论解释。显然，在雷德设计的任务中心模式中，个案的科学研究工作是个案服务中不可缺少的部分，贯穿于服务介入活动的整个过程。不管服务对象来自什么人群，也不管服务对象从什么角度看待生活，在任务中心模式的基本逻辑框架中，社会工作者的首要任务是明确服务对象的焦点问题。

在任务中心模式中，社工（社会工作者）应解决案主所提出来的问题。因此，任何社会工作理论都需要说明问题是如何产生的、问题是什么，以及怎么处理问题等。有明确期限的简短治疗是该模式的一个本质特征。任务中心模式的目标是协调关系，社工和案主都在一个标准化的过程中贡献自己的力量，如图 2-1-2 所示。计划具有系统性这一特征对于护理性管理（管理式护理）很有效，因为在护理性管理中需要统合不同的提供者，形成共享的目标和实务。

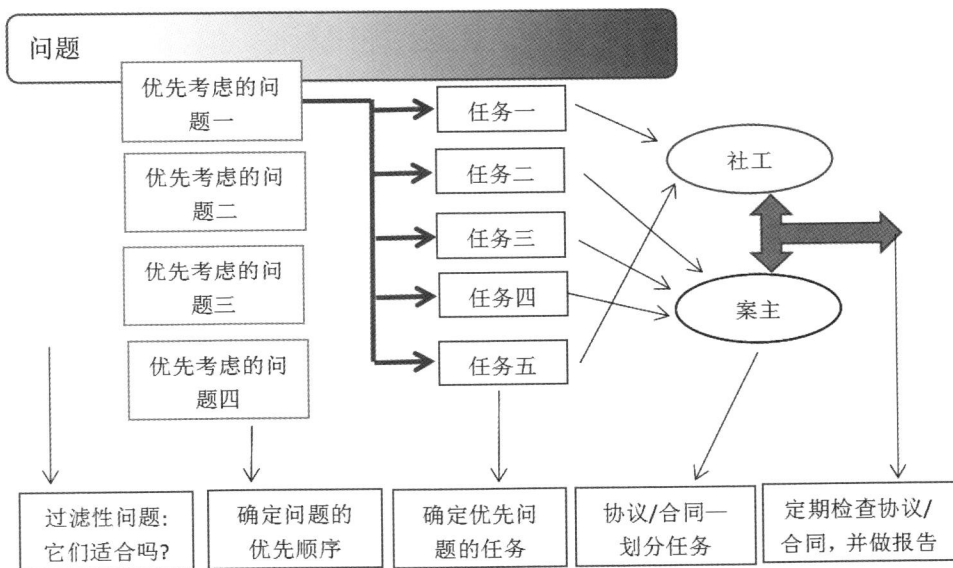

图 2-1-2　问题解决模型

1. 焦点问题

在任务中心模式看来，社会工作需要解决的是一种心理社会问题。这种类型的问题是人们在与周围环境的互动中产生的，既涉及人们内心的困惑和不安，也涉及外部环境的压力和挑战，同时包括内部和外部两个方面。任务中心模式认为，相比较而言，在某些问题中内部的困惑更为重要，特别是涉及焦虑和抑郁的情绪时，情况更是如此。不过，即使是深受焦虑和抑郁困扰的服务对象，也需要把他放在与周围环境互动的成长处境中来考察。当然，对于以环境影响为主要因素的问题，如流浪、失业等，就需要把服务介入的焦点集中在外部环境上。不过需要注意的是，即使在此时，社会工作者也需要同时关注服务对象的内部心理状况。

从内部来说，任务中心模式认为要求在问题的形成过程中发挥至关重要的作用。任务中心模式假设，每个人都有各自不同的要求，一旦这些要求遭到拒绝或者无法实现时，问题就会出现。任务中心模式之所以运用要求而不是需要界定服务对象的需求，是因为需要通常被用来描述社会工作者认为的服务对象的需求。这一点恰恰是任务中心模式极力避免的。任务中心模式强调，不要采取从社会工作者的角度界定服务对象问题的服务策略，而要让服务对象自己描述自己的困扰。

2. 行动任务

与焦点问题直接相关联的是行动任务，这也是任务中心模式的一个核心概念。在任务中心模式看来，一旦明确焦点问题之后，社会工作者和服务对象就需要将注意力集中在如何解决问题上，讨论采取什么样的具体行动解决问题。任务中心模式认为，虽然行为主义学习理论能够帮助社会工作者和服务对象制定清晰明确的行动目标，但由于影响服务对象改变的因素并不是唯一的，因此任务中心模式选择了一种综合性的服务策略；并不局限于运用行为主义的治疗原理和方法，而是从多种途径入手寻找能够促进服务对象解决问题的各种影响因素，设计相应的行动任务。

在任务中心模式看来，服务对象的问题常常涉及多个不同的系统，因此行动任务就需要从多个不同的视角被审视。不仅焦点问题的改变可以影响问题场景的变化，同样，问题场景的变化也可以影响焦点问题的解决，两者是紧密联系在一起的。不过，任务中心模式认为，虽然问题场景的改变有多种途径和方式，既可以通过直接克服焦点问题来实现，也可以借助消除问题解决过程中的障碍来达成，但就一般情况而言，焦点问题的改变是行动任务首先需要关注的。只有明确了焦点问题的改变目标，场景改变的目标和方式才能确定下来。

3. 简要结构式服务计划

明确了焦点问题和行动任务之后，社会工作者还需要与服务对象一起制订服务计划。与以往的社会工作服务模式不同，任务中心模式在服务计划的制订方面有自己的独特要求，既关注服务计划的结构性，又强调服务计划的灵活性。在任务中心模式看来，一个有效的服务计划除了需要包括明确的焦点问题、服务目标、服务类型和时间以及清晰可行的行动任务之外，同时还需要保证行动任务的针对性和有效性，能够帮助服务对象克服焦点问题，实现预定的目标。因此，任务中心模式要求在每一次服务面谈开始时都要回顾和评估行动任务的实施情况以及焦点问题的改变状况，以便调整现有的服务计划，制定更有效的行动任务以回应焦点问题的要求。任务中心模式并不深究服务对象问题产生的历史根源或者心理的深层结构，而是重点关注服务对象问题的现实状况，包括妨碍问题解决的障碍和有利于问题解决的资源。在任务中心模式看来，服务对象之所以遭遇问题，是因为在应对问题过程中出现某个或者某些困难；一旦来自外部环境的压力减少，而且服务对象运用资源的能力得到提高，问题带来的困扰就会减少。相应地，服务对象的改变动力也会减弱。因此，任务中心模式强调，服务计划必须简要，有明确的起点、终点和时间限制，以便将服务对象的注意力集中在焦点问题的解决上；调动服务对象的改变动力，帮助服务对象获得最佳的服务效果。一般而言，任务中心模式的服务少则 6 次，为期一个半月；多则 12 次，为期三个月。明确限定服务的时间，并不意味着任务中心模式服务计划的时间长短是固定不变的，实际上，它也可以根据服务目标的实现状况做出调整。尽管具体的服务时间长短不一，但任务中心模式推崇短期的简要服务，尽可能降低服务的成本，避免因长期服务带来的复杂的合作关系。更为重要的是，在这种服务模式的实施初期服务对象就能够明确了解服务的改变目标，最充分地挖掘自身的改变动力。

4. 三阶段服务

根据服务活动过程中面临的不同任务，任务中心模式将社会工作服务分为三个基本阶段。虽然不同的学者在具体阶段的划分上存在不同的看法，但他们都认同这三个基本阶段的划分，即开始阶段、中间阶段和结束阶段。开始阶段通常只有一到两次的服务面谈。在这一两次面谈中，社会工作者需要和服务对象一起完成的任务主要包括：探索服务对象认可的焦点问题和问题场景，编制内容涵盖焦点问题、服务目标、服务方式和时间限制的服务合约，以及设计服务对象（有时也包括社会工作者）首次需要完成的服务面谈外的行动任务。显然，在服务介入的开始阶段，任务中心模式已经将服务对象服务面谈内容的行动任务和服务面谈外的行动任务，以及社会工作者的行动任务作为一个整体来规划和设计，而且通过服务面谈外行动任务的布置把服务工作的重点放在了服务面谈外。这样，社会工作的服务活动就能够与服务对象的日常生活紧密结合起来。

5. 发展为本的合作关系

任务中心模式非常重视社会工作者与服务对象之间的合作关系，把它视为成功开展服务活动必不可少的基本要素。在任务中心模式看来，帮助服务对象提升解决问题能力的一个有效手段，是为服务对象创造一种宽松的服务氛围，让服务对象在其中体验到被人接纳、尊重和理解的感受。这样，服务对象的改变动力才能被调动起来。不过，任务中心模式对社会工作者与服务对象之间辅导关系的理解并不局限于此，认为保持良好的合作关系的基础是社会工作者把自己定位为协助者的角色，即在整个服务活动开展过程中尊重服务对象自我管理的权利，让服务对象自己明确面临的问题和解决问题的方法；而社会工作者只是提供一种支持和鼓励，帮助服务对象更好地解决日常生活中面临的问题。服务对象需要多少帮助，社会工作者就提供多少帮助，但是，不论社会工作者提供什么样的帮助，他的目的是提高服务对象自我管理的能力。因此，在整个社会工作服务活动开展过程中，社会工作者需要让服务对象自己决定需要什么，帮助服务对象学会针对焦点问题制定和调整行动任务；并且跟随行动任务的展开提供必要的信息反馈、技能训练、信念调整以及环境改善等不同方面的服务，以提升服务对象的自我管理和自我行动能力，促进服务对象的发展。

第二节　认知和行为视角

认知行为理论是一组通过改变思维、信念和行为的方法来改变不良认知的理论。它是认知理论和行为理论的整合，是对认知理论和行为理论所存在缺陷的一种批评和发展，但是却不是简单地相加或者拼凑。具有代表性的有艾利斯的合理情绪行为疗法，贝克和梅肯鲍姆的认知行为矫正技术等。认知行为理论强调认知活动在心理或行为问题中的催生作用，在社会工作的实务中既采用各种认知矫正技术，又采用行为治疗技术。从这种意义上理解，认知理论只是对认知行为理论的狭义理解。

认知和行为视角是社会工作理论和实践的一个重要视角，它的兴起源于精神分析学派遭受挑战。由于精神分析学派不仅难以适应日常生活实践场景提出的采用简明直接的介入方式的要求，而且无法回应社会发展所要求的问责的诉求以及对于科学研究证据的关注。因此，从 20 世纪六七十年代起，社会工作开始寻找一种直接关注个人与周围环境相互影响的介入方式。这种介入方式把个人视为一定社会环境中的有机体，强调通过可观察和可测量的认知和行为的学习改善个人与周围环境的互动关系，并且认为只有把科学研究融入实务中，才能保证实务的成效和对个人价值的尊重。这就是认知和行为视角。认知和行为视角包括三个主要流派：20 世纪 70 年代引入行为主义观察视角后创立的行为主义社会工作，20世纪 80 年代之后受到认知理论影响而出现的认知社会工作，以及 20 世纪 90 年代之后倡导的认知治疗技术与行为治疗技术相结合的认知行为社会工作。

一、行为主义社会工作的理论框架

行为主义社会工作尽管没有被社会工作者广泛接纳，也面临来自很多方面的质疑和批评，但是行为主义社会工作简洁的理论逻辑、明确的操作步骤以及显著的服务成效都给社会工作者留下深刻的印象。特别是对于社会工作初学者来说，行为主义社会工作的原理比较容易掌握，也容易应用于实际的实务工作场景中。不过，围绕行为的学习和修正，行为主义社会工作也有不同的理论解释。这些解释虽然依据的观察视角和理论逻辑有所不同，但都把服务对象现时的行为表现和改变作为关注的重点，探讨在具体的社会场景中人的行为改变的影响因素和基本规律，即行为主义理论所说的 A、B、C（Anteecedents、Behavior、Consequences）。

（一）行为学习模式

在对服务对象学习行为的考察过程中，行为主义社会工作依据的是行为主义的基本原理，认为社会工作者关注的焦点不是服务对象的内部心理状况，因为这些现象无法通过科学的研究得到验证，而是可以直接观察到的服务对象的行为，即 B。行为主义社会工作强调，服务对象的任何行为都是在一定的社会环境中出现的，它必然受到社会环境中的某些因素的影响。这些因素就是行为主义理论所说的刺激，即 A。正是在这些刺激因素的影响下，服务对象表现出某种行为。观察和分析环境刺激因素与人的行为表现的内在联系，这就是行为主义原理中的经典条件作用理论的任务。经典条件作用理论是由俄国生理学家伊凡·巴甫洛夫总结提出的，这个理论让社会工作者发现服务对象的一些行为表现，如焦虑、不安、害怕、恐惧等往往与环境中的某些因素相关联。如果想改变服务对象的行为表现，就需要帮助服务对象改变环境或者调整环境刺激与服务对象行为的联结方式，像放松练习、系统脱敏法等就是社会工作者常用的帮助服务对象改变环境刺激与行为关联方式的训练方法。与经典条件作用理论不同，操作条件作用理论关注的是人的行为结果对行为的影响。这些行为结果的影响因素就是行为主义理论所说的结果，即 C。在操作条件作用理论看来，人不仅受到环境刺激因素的影响，而且根据行为结果的好坏调整自己的行为策略和方式。也就是说，人的行为 B 既受到行为之前的环境刺激因素 A 的影响，也与行为之后的结果 C 有关联，是一种前后同时影响的方式，即 A—B—C。

行为主义社会工作沿用了社会学习理论的基本逻辑和主要概念，把服务对象的观察学习分为三个基本步骤：第一步，观察，即让服务对象观察示范者的行为，并且给予这一行为一定的关注；第二步，记忆，即让服务对象对观察到的经验进行整理，梳理出这一行为实施的基本要素和程序，并且形成有关这一行为的记忆；第三步，强化，即在服务中设计观察行为出现的场景，并且引导和鼓励服务对象根据自己的行为记忆指导行为学习。因此，行为主义社会工作强调，服务对象的行为学习不仅与自身的行为学习能力和行为学习经验有关，而且与服务对象的语言能力有着直接的联系，因为服务对象可以根据语言的指导调整自己的行为。不过，行为主义社会工作认为，一项行为能够实施出来或者保持下去，还依赖一个重要的学习条件，就是学习行为的强化；只有借助强化，服务对象才能激活自己的记忆，将观察到的学习行为转化为一定场景中的实际行为。实际上，观察学习已经不再局限于行为主义社会工作的干预服务中，而被视为社会工作服务介入的一项重要技术，甚至它还成为帮助服务对象克服焦虑的一项有效手段。

把社会学习理论引入行为学习之后，改变的不仅包括对行为学习方式的理解，也包括对行为学习基本逻辑框架的认识。认知因素成为行为学习的重要影响因素并受到社会工作者的关注。除了通常所说的对事件的解释之外，社会学习理论还把推理、判断和记忆等其他认知因素也融入行为学习中，甚至强调，行为学习就是行为因素和认知因素两者相互影响、相互结合的过程。

行为主义社会工作概括出运用认知因素改变人的行为的六项基本原则：第一，以传统的经典条件作用理论和操作条件作用理论为基础制订行为学习计划；第二，只有在认知因素影响人的行为学习时才引入认知改变技术，而且认知改变技术必须与行为改变技术结合起来使用；第三，思考问题的方式是行为学习的重要认知因素，了解这个因素是社会工作者建立专业服务关系的基础；第四，错误思维方式和自责方式是行为问题产生的重要影响因素；第五，当运用行为因素难以获得行为改变的效果时，就需要关注行为学习中的认知因素；第六，在指导服务对象的行为学习过程中，社会工作者始终需要关注自己的观察视角和思考方式，避免陷入偏见中。

（二）行为治疗原则

认知行为理论下的各个实践模式有一定的差异，但认知取向和行为取向的基本实践原则是可以辨识的。这些原则都立足于前述概念框架。认知／行为治疗都体现出了较强的结构性，并严格遵循实证逻辑，干预的时间跨度是受到控制的，社会工作者扮演指导性和教育性的角色，行为技巧和认知技巧都是经由社工－案主关系一般化到真实的社会情境。

行为取向的治疗是以改变行为为直接目标的。行为治疗的主要原则如下：

①聚焦于让案主和他人焦虑的案主特定行为，如果行为改变了，治疗完成。

②以行为主义原则和学习理论为治疗基础。

③社工在直接观察的基础上分析和描述问题，并明确干预前评估、干预和干预后评估的方法。

④通过改变情境中的因素和搜寻所导致的改变来辨别行为的影响因素。

⑤发现并运用案主有价值的部分。

⑥引入案主周围环境中的重要他人。

⑦运用有研究证明其有效性的干预方法。

⑧监控进步的方法是运用客观和主观指标，将现在的数据与干预前的数据做比较。

⑨工作者致力于在案主关注的方面取得成效。

⑩工作者要帮助案主在不同的情境下运用新行为，并在干预撤除后保持改变。

（三）行为评估焦点

在行为主义社会工作看来，服务对象个人的社会生活经历也是评估工作中不可缺少的内容。它除了可以把社会工作者提供的服务与其他专业服务结合起来之外，还可以帮助社会工作者了解服务对象现时问题的形成和发展过程。例如，在儿童服务的案例中，社会工作者通常需要评估孩子的家庭关系、孩子出生后与父母的分离和团聚情况以及父母的婚姻状况和教育子女的方式等不同方面。这些评估资料可以帮助社会工作者准确了解孩子在现时生活中面临的具体困难。行为主义社会工作认为，评估服务对象过往什么经历，取决于服务对象自身的特点和问题的特性。如果服务对象是一位遭遇精神困扰的儿童，社会工作者除了需要掌握孩子出现的精神困扰状况和以前的发病情况外，同时还需要了解孩子的成长经历。这些个人成长经历可以让社会工作者看到孩子在成长过程中所受到的疾病因素的影响，它们虽然未必能够给社会工作者提供解决问题的方法，但是至少能够帮助社会工作者更好地了解服务对象面临的问题。

行为主义社会工作强调，虽然在不同案例中社会工作者探究和分析服务对象过往经历的方式和重点有所不同，但都需要围绕对服务对象现时问题的理解帮助社会工作者形成对服务对象现时问题的正确假设，并且找到解决服务对象现时问题的具体方法。实际上，在一些案例中服务对象希望与社会工作者讨论的首先不是现时面临的问题，而是给他带来困扰的过往经历。对于这类服务对象，社会工作者的工作焦点就是服务对象的过去。只有当服务对象对这段令人困扰的经历找到一个满意答案时，他才可能将注意力转向现时问题的解决。不过，即使在这样的情况下，社会工作者也需要把服务对象过往困扰的消除与现时问题的解决结合起来。显然，在行为主义社会工作的逻辑框架中，现时才是社会工作者的关注焦点，包括现时问题的处境、引发的事件和回应后的结果。行为主义社会工作强调，这样的观察视角把服务对象遭遇的问题放到了具体的现时环境中来考察，可以减轻服务对象的焦虑和内疚。

（四）行为改变能力

尽管行为主义社会工作把评估的焦点放在对服务对象现时问题的分析上，但是它也认为，社会工作评估的目的不仅仅是了解服务对象的现时问题，更为重要的是帮助服务对象找到解决问题的方法。因此，社会工作者就需要把问题的分析和资源的考察结合起来，在评估中融入一种积极改变的视角，帮助服务对象在了解自己的问题和处境的同时，看到改变的方向和途径。在仔细考察了服务对象行为改变的积极影响因素之后，行为主义社会工作提出，这些积极的影响因素包括服务对象自身的特性和外部环境的特征两个方面。就服务对象自身的特性而言，它又涉及三个主要方面，即服务对象的处理问题的能力、行为改变的动机和自我管理的能力；就外部环境的特征而言，它主要包括两个方面：环境的物质资源和服务对象身边的重要他人的社会支持。

针对服务对象的处理问题的能力，行为主义社会工作发现，社会工作者可以通过询问服务对象过往的经历了解服务对象在遭遇现时问题时所采取的应对方式。这种特定场景中的问题应对方式就是服务对象处理问题的能力。行为主义社会工作假设，服务对象的现时问题并不是一夜之间形成的，而是有一个发展变化的过程，了解服务对象在过往经历中对解决现时问题所做的努力和尝试，其实是从一种积极改变的视角重新看待服务对象的现时问题。因此，行为主义社会工作强调，即使是一些不成功的尝试经历，社会工作者也需要看到其中的改变元素，不能把它们简单视为服务对象失败的证据。

行为主义社会工作尽管没有从心理动力的角度看待服务对象与周围环境之间的相互作用，但是仍然把行为改变的动机作为服务对象行为学习的重要影响因素。因为在行为主义社会工作看来，服务对象的任何行为学习都是强化的结果。因此，行为主义社会工作要求社会工作者注意发掘服务对象在以往学习经历和现时环境中的行为强化因素，通过加强正向的刺激和减少负向的影响指导服务对象的行为学习。不过，行为主义社会工作认为，加强服务对象行为改变动机的关键是帮助服务对象找到长期改变结果与短期改变结果之间的联结方式。只有借助这种联结方式，服务对象才能通过每一步的行为尝试找到现时问题的解决方向和途径；否则，服务对象是不可能有耐心完成社会工作者布置的行为学习任务的。为此，社会工作者不仅需要关注服务对象自己希望达到的改变目标，而且需要关注服务对象在现时环境中行为学习的强化因素，保证服务对象在每次行为尝试之后都能够在现时环境中得到及时的强化。

（五）行为干预关系

尽管在实施行为干预的过程中，行为主义社会工作也像大多数社会工作服务模式一样注重信任合作服务关系的建立，要求社会工作者展现社会工作专业服务所坚持的同理、关怀以及与服务对象一起工作等基本的价值理念。特别是在行为干预实施的开始阶段，这种信任合作关系的建立直接影响服务活动的顺利开展。但是行为主义社会工作强调，在行为主义社会工作的逻辑框架下，社会工作者与服务对象的信任合作关系有自身的一些特点，它更像指导者与被指导者或者训练者与受训者的关系，其中社会工作者发挥着积极主动的引导作用。

行为主义社会工作认为，社会工作者发挥积极引导作用的第一个方面的表现，就是帮助服务对象和周围他人找到有关行为问题的恰当描述，这样的描述必须具备两个特征：具体和可测量。所谓具体，是指对行为问题的描述应清晰、明确，避免使用含义不清的词汇或者用社会工作者自己的推论代替事实。例如，服务对象打人、不搭理人或者时常谈论自杀等，这些有关服务对象行为问题的描述就不够具体，虽然已经涉及服务对象的行为表现，但没有说明这些行为表现的具体特征；还有像服务对象焦虑、抑郁或者冷漠等，这些描述是关于服务对象内心感受状况的概括，它们不仅抽象，而且涉及服务对象多方面的行为表现。此外，在对服务对象行为问题的描述中经常容易混淆的，就是把社会工作者的推断当作服务对象行为问题的事实描述。例如，服务对象缺乏他人的关心和照顾，这样的描述就是推断，不是事实。

在行为主义社会工作看来，无论是对服务对象问题行为的界定还是行为强化方式的选择和设计，都需要社会工作者的专业帮助。正是借助行为主义社会工作的这些重要影响手段，社会工作者才能作为专业的帮助者在服务活动中发挥积极的引导作用。值得注意的是，行为主义社会工作不仅在个案服务和家庭服务中获得广泛的应用，也在小组工作中得到一些社会工作者的认可，成为小组工作的一项重要理论来源和技术支撑；甚至还被运用于社区工作中，包括贫困人群的帮助和受暴妇女的自信训练等。实际上，行为主义社会工作已经作为社会工作的重要服务手段和理念被广泛运用于不同的服务领域。

行为主义社会工作的理论逻辑框架尽管受到不少社会工作者的质疑和批评，但是它让社会工作者清晰地看到个人与环境之间的复杂关联。这种关联既包括个人行为之前环境的影响，也包括个人行为之后环境的作用，特别是引入社会学习理论之后，行为主义社会工作更为关注服务对象自身学习能力的提升。尤其值得注意的是，行为主义社会工作还把科学研究引入实务中。这不仅促使社会工作实务迈上一条实务和研究相结合的发展道路，也促使社会工作的实务和理论更加紧密地结合。

二、认知社会工作的理论框架

认知理论，在某种程度上来说是行为理论和行为治疗的一种发展。近期，它对社会学习理论依赖尤多。它亦成长于一种实用类型的治疗发展——由认知疗法创始人贝克和心理学家埃利斯设计而成，他们关注的是焦虑性神经官能症和抑郁等精神疾病。在社会工作中，心理治疗学家格拉瑟的现实疗法也是很重要的。由于行为疗法的创立者处理的是心理障碍，所以他们逐渐试图将思维融合到其治疗模式之中。认知理论认为，行为受到学习过程中个人对环境的观察和解释的影响。显然，不适宜的行为肯定产生于错误的感知和错误的解释。治疗试图修正这些错误理解，这样，我们的行为就能对环境做出适当反应。根据斯科特的理解，这些方式各有不同，贝克关注的是扭曲性思考，包括对我们自身、我们的生活以及我们的未来的扭曲性思考，会导致抑郁或焦虑；埃利斯把焦点集中在关于世界的非理性思考上；而梅钦鲍姆则强调我们所经受的各种威胁。特别是后者的思想，与危机干预中的一些思想存在一定的关联。

尽管认知社会工作的服务模式有很多，但真正产生广泛影响的是高尔德斯汀提出的认知－人本主义模式。它不仅为社会工作者处理实际问题提供了具体的认知服务技巧，也为社会工作者理解服务对象的生活提供了一种崭新的逻辑框架。因此，对认知社会工作理论框架的介绍将以高尔德斯汀的观点为主要参考依据，同时结合其他学者的认识和发现。

（一）人与环境的互动

虽然认知社会工作也假设人的行为是个人与环境相互影响的结果，但是与其他社会工作的理论逻辑框架相比它有一个显著的特点，即认为这种互动影响其实是个人与环境之间的一种信息交换，而这种信息能够交换的一个重要影响因素就是意义。认知社会工作发现，只有当服务对象为自己日常生活中的事件赋予一定的意义时，它才能走进服务对象的生活，成为服务对象日常生活环境中的一部分。显然，认知社会工作所要强调的是，外部环境并不是一种客观的外部事实，无法直接对个人产生影响，而需要借助某种意义才能和个人的生活联结起来；同样，个人也无法直接作用于外部环境，而需要凭借个人赋予的某种意义施加个人的影响。因此，认知社会工作强调，通过认知的信息加工和个人意义的建构，外部环境才能成为独特的、有意义的、真实的个人现实。现实和意义是实现个人与环境互动的具体途径。

认知社会工作不赞同把个人与环境的关联视为一种外部的适应或者改造关系，认为个人并不是一张白纸，只能被动地接受环境的书写，也不是可以站在环境之外的客观分析者，通过知识的掌握对环境施加影响，而是生活的积极参与者和建构者，即个人在与周围他人和环境的互动过程中，借助自己现有的认知能力和知识不断建构个人的新的知识和新的现实。在认知社会工作的逻辑框架中，个人的新知识和新现实是密不可分的，一个人怎样理解环境，也就意味着怎样回应环境。认知社会工作强调，个人与环境的互动需要借助个人认知这个中间环节，它发挥着中间协调者的作用，包括生活意义的赋予、注意力的选择以及生活事件的推论和判断等，都对个人的行为和感受产生重要的影响。不过，需要注意的是，认知这一中间协调者的作用并不是单向的，行为的结果、情绪的表现、外部环境的变化以及身体的状况等都会影响个人的认知。认知社会工作坚信，外部环境并不是外在于人并且任人探索的世界，它的呈现与个人认知能力的提升是同步的，个人认知能力发展到什么水平，也就意味着对外部环境能够理解到什么程度。

（二）认知－人本逻辑框架

在认知社会工作看来，任何个人的生活都可以分为四个基本层面，即心理、社会文化、伦理价值和灵性层面。心理层面是指个人内部的状况，包括个人的动机、情绪、理性以及个性和自我等，它帮助社会工作者理解个人的心理和行为。社会文化层面是指与个人生活紧密关联的社会环境，它表现为个人的社会地位和社会角色，通常涉及家庭、社会群体、社区和文化等，它帮助社会工作者理解个人的社会生活。伦理价值层面则是指个人生活中影响比较持久、稳定的生活原则，包括对与错、好与坏的价值判断。这样的价值判断在个人与环境或者他人发生冲突时表现得尤为明显，通常涉及个人怎样看待自己的责任和怎样要求他人。个人生活的最后一个层面是灵性层面，它是个人生活的最深层次的要求，通常涉及个人内心的深层次主观感受、个人内心的核心信念和超越现实生活限制的基本要求。值得注意的是，认知社会工作之所以提出个人生活的四个层面，并不是为了穷尽个人生活的所有内容，而是强调个人的生活是一个多层面而且相互影响的整体。它提醒社会工作者不能根据自己的理论兴趣和偏好只关注个人生活的某个层面，从而把个人的复杂生活简化为某个层面的现象。不过，认知社会工作认为，个人生活的这四个层面并不是依次展开的，其中心理层面是最根本的，即使关注个人的社会文化层面，或者伦理价值和灵性层面，也需要以个人心理层面的解释为基础。

认知社会工作强调，认知－人本逻辑框架只是帮助社会工作者观察和理解服务对象的分析框架，它让社会工作者注意到服务对象的生活是多层面的，不能通过某个层面的现象说明服务对象的整体。当然，针对不同的问题和不同的场景，服务对象关注的焦点有所不同，有时偏向个人的内心，强调精神的个人；有时偏向社会文化，侧重社会的个人；有时偏向价值伦理和信仰，注重价值的个人和信仰的个人。因此，认知社会工作假设，服务对象的生活是一种多层面的生活，他的能动性体现在生活的不同层面，他同样也是一定生活条件下自己生活的决策者和创造者。认知社会工作认为，归根结底，自我概念反映的是服务对象对社会群体的身份认同，它直接影响服务对象的社会生活。不过，这种身份认同同时也包含了服务对象对生活的伦理价值和信仰的坚持，表现为服务对象对目前生活状况的改善要求以及为实现这种改善所做的探索和努力。认知社会工作坚信，社会工作者只有充分了解了服务对象这三种形式的自我以及相互之间的影响方式，才能正确理解服务对象的能动性，把握服务对象的成长变化过程。

（三）意识界定中的问题

针对服务对象的问题，认知社会工作有自己独特的理解。不同于其他社会工作理论，它认为服务对象的问题是经过意识界定的现实，不是现实本身，服务对象怎样界定问题也意味着怎样经历和感受问题。因此，认知社会工作强调，在了解服务对象的问题时，社会工作者的关注焦点不是问题本身，而是服务对象界定问题的方式，包括服务对象是怎样给问题命名的、问题对服务对象来说意味着什么以及服务对象自己希望改善什么等。其核心是了解服务对象是怎样与问题抗争的。在认知社会工作看来，所谓的问题从表面上看是服务对象找不到合理的解决问题的方式，无法有效应对面临的困扰。而实际上，导致问题产生的真正原因是服务对象理解问题的错误视角、不正确的思考方式以及不合理的信仰，正是这些不合理的认知方式妨碍了服务对象对问题做出正确的理解和积极的回应。认知社会工作提醒社会工作者，服务对象界定问题的方式深受自己所熟悉的社会环境的影响，其中文化习俗起着非常重要的作用。对于一种社会环境或者文化习俗来说是问题，但对于其他社会环境或者文化习俗来说可能就不是问题。因此，在理解服务对象界定问题的方式时，需要结合服务对象生活的具体社会环境。

（四）创造性改变策略

在服务介入策略方面，认知社会工作与以往的社会工作不同，不赞同通过诊断服务对象的问题而采取类型化和标准化的服务介入策略，提出创造性改变的概念，希望社会工作者在服务过程中关注服务对象的主动性和创造性。认知社会工作认为，要实现这种创造性改变的服务策略，社会工作者首先需要把服务对象视为自己生活意义的创造者，像其他人一样要给自己的生活确定努力的方向和目标。

在认知社会工作看来，无论周围环境如何变化，都不会给服务对象提供任何生活的意义，生活的意义需要服务对象自己主动探索和解释。而这样的探索和解释又是服务对象把散乱的生活经验整合起来并且呈现其内在含义的必要手段。因此，认知社会工作强调，如果社会工作者想走进服务对象的生活，只有借助对服务对象生活意义的理解。尽管从表面上看，服务对象的问题通常涉及怎么做、做了什么或者害怕做什么等，反映的是服务对象无法有效应对周围环境挑战的事实。但实际上，这样的做法背后都有一定的生活原则作为支撑。特别是当服务对象缺乏某种品格或者总是强调自己正确的一面时，呈现的恰恰是反映服务对象生活原则的重要线索。

为了帮助社会工作者顺利地走进服务对象的生活开展专业服务，认知社会工作提出，在服务介入过程中，尤其是服务开展的开始阶段，社会工作者可以采用的策略包括以下四点：第一，从服务对象的主观经验入手理解服务对象的问题。这样的理解过程既是社会工作者了解服务对象的过程，也是社会工作者放弃自己的主观偏好和社会刻板印象的过程。第二，尊重服务对象的价值和个性，避免从客观的角度分析服务对象的问题。客观的分析只会使服务对象的问题类型化、简单化，甚至被贴上标签。第三，相信服务对象能够积极地参与生活，而不是被动地适应生活。两者的差异就在于服务对象是否能够在自己的行动中看到生活的目标。当行动有了目标时，生活的意义才能呈现出来，服务对象也就能够逐渐摆脱被动适应的生活方式。第四，鼓励服务对象依据自己的生活原则处理生活中的冲突。只有当服务对象真正了解自己的价值原则和信仰，并且能够依据这些原则和信仰调整自己的认知方式时，才能够提高自觉回应周围环境的能力。显然，认知社会工作之所以设计这样的服务介入策略，是因为在认知社会工作看来，服务对象的任何改变都有自己的逻辑和意义，具有个别化和创造性的特点。

（五）教育式的合作关系

在认知社会工作看来，与服务对象建立信任合作关系是实施专业服务的必要条件。不过，认知社会工作并没有把服务对象视为帮助的对象，而是当作服务活动的合作者和参与者。认知社会工作假设，服务对象不存在"好"与"坏"之分，他拥有与社会工作者一样的创造性潜力，能够根据自己的理性分析能力确定个人的行动目标，并且能够找到改变自己和周围环境的有效方法，他是自己生活方式的决定者。正是基于这样的假设，认知社会工作认为，在社会工作者与服务对象的合作过程中，社会工作者扮演的核心角色是教育者，就像专业技能训练中的教练或者专业知识传授中的教师，需要给予寻求帮助的服务对象直接、明确的指导，包括服务面谈内的直接交流和服务面谈外的任务布置。可以说，社会工作者在专业服务过程中采取的是一种积极主动的指导方式，有严格的计划安排和一定的时间限制。但是，需要注意的是，认知社会工作所说的教育者角色有其特别的内涵，不仅指社会工作者给予服务对象直接的技能和知识指导，更为重要的是，这样的直接指导让服务对象成为自己的教练和老师，学会运用认知社会工作的理念和方法，把社会工作的专业服务目标从修补个人的不足转向促进个人的成长。显然，这样的服务原则包含了增能的元素。

认知社会工作之所以把社会工作者与服务对象的合作关系界定为教育者与被教育者的关系，是因为在认知社会工作看来，服务对象才是自己生活的专家，无论社会工作者提供什么样的解决方案，那都只是一种改进建议，服务对象只能依靠自己的选择和尝试探索改变的路径，而无法通过被迫学习社会工作者所要求的新知识和新技能找到解决问题的方法。

认知社会工作尽管融合了多种有关人类成长发展的学科的理论，如心理学、社会心理学、社会学以及其他学科的理论等，但有自己清晰的理论逻辑，即以认知－人本为基本的理论逻辑框架。围绕个人现实和意义世界的建构过程，通过与服务对象建立一种教育式的合作关系，倡导一种积极主动介入的以创造性改变为目标的服务策略。到目前为止，认知社会工作的一些原理和技巧已被广泛应用于社会工作的不同服务领域和不同类型的服务对象，虽然纯粹运用认知社会工作原理开展专业服务的并不多见，但是认知社会工作已经成为社会工作者理解个人与环境互动关系的一个重要视角。正像认知社会工作的代表人物高尔德斯汀所说，理解服务对象是一个过程，不是一个结论，这个过程让社会工作者和服务对象对未来的发展充满好奇和期待。

三、认知行为社会工作的理论框架

认知行为理论受到社会工作者的青睐，因为它们的聚焦是清晰的、方法是结构性的。认知治疗、行为治疗和认知行为治疗以及具体的实践技巧在不同问题领域的有效性得到经验证据的支持。认知治疗在抑郁、焦虑、社交恐惧等领域都有较好的证据表明其有效性。

认知行为治疗的优点是有明确的实践指导和常用评估工具，这对社会工作领域的新手而言比较容易掌握。然而，这样的结构性似乎会限制社工对案主问题的弹性反应或者说将案主标准化，消解了案主的独特性。认知行为理论的特殊聚焦可能在一定程度上忽视了人类生活的丰富性，众多的层面没有考虑其中，这使得它在回应人们的多元需要时有心无力，难以应用到宏观层面的实践。

认知行为社会工作的发展源于行为治疗和认知治疗的实践，社会工作者在专业实践中发现，行为改变中包含认知改变的因素，认知改变又需要行为改变作为支持。因此，如何将认知改变的因素与行为改变的因素整合起来多方面地推动服务对象的改变，提高服务的成效，就成为认知行为社会工作探讨的核心。无论理论的建构还是实务的开展，认知行为社会工作都始终围绕这个核心。

（一）认知和行为的结合

对于认知和行为两者之间的关系，认知行为社会工作有自己的理解，认为其包含三个基本假设：个人的情绪和行为由认知方式决定；个人的情绪困扰来源于不现实的消极思维方式；改变个人不现实的消极思维方式就能够减轻或者克服情绪困扰。显然，在认知行为社会工作看来，认知在个人的改变中起着关键作用，不仅个人怎样想会影响怎样感受和怎样行动，而且个人的生活经验依赖个人的归因和解释以及个人的指导和检视。因此，认知行为社会工作认为，认知是影响个人情绪和行为的最重要因素之一，它既是服务对象产生情绪和行为困扰的关键，也是帮助服务对象找到消除这些困扰的有效方法的重点所在。为此，认知行为社会工作推崇一种理性的思维方式，假设面对外部环境挑战时人有两种应对的思维方式：一种是理性的思维方式。这种思维方式具有针对性、灵活性和逻辑性，能够帮助个人解决面临的问题。另一种是非理性的思维方式。这种思维方式通常比较教条、刻板，而且缺乏逻辑性，它不仅无益于个人生活困扰的解决，甚至还会妨碍个人的成长。

为了促进认知因素与行为因素的结合，认知行为社会工作提出个人思考时的六项原则：第一，思考行为，即把个人行为上面临的困扰和需要调整的方面也纳入思考的范围；第二，思考解决方法，即遇到问题时，个人思考的焦点不是分析问题的原因，而是寻找解决问题的方法；第三，思考积极的方面，即从改变的视角思考影响因素，特别是那些促进和维持改变的积极因素；第四，思考微小改变，即把微小的逐步改变作为思考的目标，树立通过微小改变实现大的改变的目标；第五，思考变动性，即注意观察不一致的信息，思考可以调整改善的方面；第六，思考将来，即关注未来的改变目标，把对未来生活的希望也作为思考的内容。当然，行为和认知因素之间的有效结合并不是那么容易做到的，有时会出现一些困难，如"非黑即白"的思考方式、"应该、总是"的解释逻辑、"最糟糕事情"总会发生的未来预见以及有选择的现实观察等，这些都会导致服务对象在面对周围环境的挑战时遇到困难。

（二）个别化的理论逻辑

经过几十年的努力，认知行为社会工作已经创造了多种不同的服务模式，将认知因素与行为因素结合在一起，以提高服务的成效。虽然认知治疗技术和行为治疗技术的整合是认知行为社会工作关注和探索的重点，但是如果把认知行为社会工作简单概括为认知治疗技术和行为治疗技术的结合，就会失去认知行为社会工作最核心的内涵：个别化。认知行为社会工作之所以推崇个别化，甚至把它作为整个认知行为社会工作理论建构的逻辑基础，是因为在认知行为社会工作看来，个别化不仅仅是一个专业技术层面的概念，更意味着每个服务对象都是不同的，都有自己的成长发展要求，需要社会工作者在专业服务过程中有所区别地对待。更为重要的是，个别化同时还具有理论逻辑建构的内涵，它假设社会工作理论逻辑建构的基础既不是问题，也不是问题呈现的方式，而是这些现象背后的人，是探索和理解服务对象在问题困境中怎样思考、怎样感受和怎样行动的。这样，个别化就拥有了观察视角层面的意义，它把服务对象个人主观生活经验也纳入社会工作理论建构的逻辑中，成为理论逻辑建构的基础。

为了找到更为坚实的理论哲学基础，认知行为社会工作还从建构理论中汲取有益的养分，假设服务对象的生活就像其他人一样始终处在不停的改变中，不仅现在是过去改变的结果，同样现在也是未来改变的基础。个人的改变就是不断地从过去走向现在、走向未来。

认知行为社会工作推崇的个别化其实是一种以服务对象为本的服务逻辑。它既不是依据社会工作者也不是依据标准化的服务过程开展专业服务，而是围绕服务对象个人发展的要求，由服务对象自己来确定服务的发展目标和路径。

（三）科学的有效干预

强调服务的成效是认知行为社会工作的核心特征之一。在认知行为社会工作看来，服务成效包含两个层面的内涵：一是服务之后的改变效果明显，而且服务投入的成本比较低；二是服务有科学的依据，不随社会工作者个人的主观偏好而随意变动。因此，在认知行为社会工作的逻辑框架中，强调服务成效不仅是专业服务本身的需要，而且能够满足服务机构的管理和问责的要求，也体现了社会工作价值伦理的基本要求。因为每个服务对象都应该得到尊重，都有权得到有成效的服务，而提供专业服务的社会工作者也有责任保障专业服务的有效性。

认知行为社会工作的一个重要特征，是把科学研究融入社会工作的实务中，推崇一种证据为本的社会工作实践。认知行为社会工作认为，保证干预有效的根本是要拓宽实践的视野，把社会工作实务建立在科学研究的基础上，不再仅仅从实务的角度来谈实务。为此，认知行为社会工作提出，社会工作者在服务介入中所使用的任何理论和方法都需要有科学研究的证明，说明这些理论和方法是有效的；同时，在服务介入过程中社会工作者还需要安排服务效果的科学评估工作，准确评估服务的成效和影响因素，并且随时调整服务的介入策略和方法，把科学研究直接融入社会工作实务中，以提高社会工作实务的成效。

行为取向和认知取向都是行之有效并得到广泛运用的干预形式，其有效性得到科学研究的证明，但良好的结果能否长期维持下来还不确定。典型的例子是马尔金森对丧失亲人治疗领域文献的回顾。人们发现认知疗法是有效的，尤其是对于复杂的哀痛。此时，人们非理性地、长期地沉溺于对死者的感情之中。认知技术帮助他们重新建构他们的思想，这样可以将丧失的痛苦编织进正常生活之中。然而，社工需要谨慎工作，以把工作和案主更广泛的社会目标联结起来。

（四）对事件和行为的测评

测评是认知行为理论的关键部分，它依赖于对行为顺序的详细理解。而且，不同的强化物对不同案主的影响也会不同，因此每个个案都需要谨慎看待，要个别化对待。因此，对先导事件、特定行为以及具体结果的测评和定义都很重要。

合适的测评次序如下所示：

①从不同视角对问题进行描述。

②找出受影响的对象及如何被影响。

③追踪问题的始终：开端、如何变化和影响因素。

④明确问题的不同组成部分以及它们是如何结合的。

⑤测评改变的动机。

⑥辨认问题行为事件发生之前、之中和之后的思考模式与感觉。

⑦辨识案主自身以及其环境中有利于改变的优势因素。

（五）教育式的服务策略

正是基于对个别化理论逻辑的理解，在认知行为社会工作看来，整个社会工作专业服务的焦点不是帮助服务对象克服问题，而是协助服务对象在问题的困境中成长。这样，社会工作的服务策略也就需要做出相应的调整，不再是针对服务对象的问题进行治疗，而是根据服务对象的发展要求开展教育和治疗。虽然都是帮助服务对象发生积极的改变，但是两者有着根本性的差别。认知行为社会工作认为，教育式的服务策略包含这样的假设：服务对象像其他人一样，也有自己的成长发展要求；即使面对问题，也只是说明服务对象的成长发展要求受到了阻碍，他需要学习新的知识和技能，而不是真的存在什么问题，需要社会工作者的治疗。显然，教育式的服务策略把服务对象视为有待发展的人，关注个人的成长；而治疗式的服务策略则把服务对象当作有问题的人，关注问题的消除。

就服务对象的教育而言，认知行为社会工作也有自己的理解，认为如果把社会工作者当作服务对象学习新知识和新技能的直接指导者，这样的教育理念只会使服务对象成为被动的学习者，把知识和技能的学习当作目标。这种教育方式正是认知行为社会工作竭力反对的。它追求的是另一种教育方式，是针对服务对象的自我学习能力提供直接帮助，让新知识和新技能的学习成为实现服务对象自我成长目标的手段，如增强服务对象的自我指导能力、服务对象的应用能力等，以提高服务对象在困难面前的自我决策和自我帮助能力。认知行为社会工作强调，只有这样，服务对象才能在困难面前根据自己的发展要求主动确定改变的目标，并且积极寻找实现这种改变目标的有效策略，成为自己生活的积极参与者和主动实践者。认知行为社会工作把这种教育方式的核心理念概括为，让服务对象成为自己生活的改变者。

对于认知行为社会工作来说，教育还有另一层重要含义，就是对未来的关注，即希望服务对象在未来的生活中能够更好地应对类似的问题，管理好自己的生活。因此，认知行为社会工作推崇一种治疗和预防并重的服务策略，认为社会工作者的首要任务是协助服务对象解决目前生活处境中遭遇的那些紧迫的问题，让服务对象能够免受问题的困扰，这就是社会工作常说的治疗。

（六）解决问题能力的挖掘

尽管在认知行为社会工作的逻辑框架中，解决问题能力的挖掘被视为促进服务对象成长发展的关键，但是认知行为社会工作并没有要求社会工作者把注意力集中在解决方法的寻找上，或者首先放在问题的解决上，而是要求社会工作者首先关注服务对象的问题，并且通过清晰界定服务对象的问题来明确服务对象的改变目标。在认知行为社会工作看来，社会工作的服务目标不是让服务对象感觉更好或者更有自信心那么简单，它需要有针对性，能够帮助服务对象更好地应对日常生活中的困难。而问题的清晰界定恰恰是增强服务对象这种能力不可缺少的部分。不过，值得注意的是，虽然认知行为社会工作强调以问题为导向，而且常常把以问题为导向和解决方法的寻找作为两项重要的服务原则并提，但并没有在问题分析与解决方法之间建立直接的逻辑关系。

认知行为社会工作认为，此时此刻的现实才是挖掘服务对象解决问题能力的焦点。虽然服务对象的儿童时期经历、家庭背景以及教育和工作经验等资料能够帮助社会工作者更好地理解服务对象，但是只有把服务对象目前遭遇的问题放到他的日常生活场景中，社会工作者才能真正了解服务对象在应对周围环境的要求过程中缺乏什么、拥有什么以及可以改善什么等，而不是凭借对其早期生活经历的洞察，让服务对象的日常生活发生根本改变。因此，认知行为社会工作强调，服务对象在目前的日常生活场景中遇到的困扰，就是社会工作者需要关注的，它们就是服务改变的目标。

认知行为社会工作提醒社会工作者，尽管社会工作者能够指导服务对象挖掘解决问题的能力，但是那样做只会加强社会工作者的专家地位，增强服务对象的依赖性，反而阻碍服务对象自身能力的培养。为此，认知行为社会工作强调，挖掘服务对象解决问题能力的关键是让服务对象成为专家，让服务对象学会运用自己的能力调动周围环境中的资源，解决自己面临的问题。

第三节　系统视角与生态视角

　　系统视角对社会工作至关重要，因为它强调社会工作的社会性，这与那些突出个体患者或案主的辅导、心理治疗及许多护理性职业正好相反。后者解决社会问题的途径主要是与个体一起工作，使其适应现有的社会秩序，主要是个人主义、改良主义的。社会工作的关注点在于人们的社会联系和关系，以及诸如社会公正、社会变迁和人际合作的社会目标。系统视角正体现了这样的观点，即认为社会工作关注发展一种更有效的社会秩序，而非促进激进的社会变迁。它还在临床和卫生保健体系中纠正了对于"患者"或"案主"的过分强调。在这些体系中，社工通常是多学科专业团队的成员，此类团队主要关注家庭和社区作为一个整体所能发挥的最佳功能。然而，安德森等人强调，系统理论将局部与整体整合为一个连续体。换言之，它要求我们在任何社会情境中，在思考社会和个人因素的同时，要观察这些因素如何相互影响以致结合为一个整体。

　　生态视角是 20 世纪 70 年代兴起的一个具有整合意义或折中意味的社会工作实践视角，它融合了不同的人类行为理论和社会工作实践理论，为社会工作提供了一个广泛的、折中的知识基础和实践框架，并成为社会工作综融模式的主要理论基础。格林认为生态视角的流行基于以下原因：首先，它回应了社会工作的一个长期传统，即致力于改善案主的心理和环境状况；其次，它提出了一个整合的框架，这个框架包括了众多的因素和不同的概念；再次，它是以个人和环境之间的界面为干预聚焦的；最后，生态系统视角认为案主所经历的困境为"生活中的问题"。

一、系统视角的社会工作的理论框架

　　正像平克斯和米纳罕所说，系统视角的社会工作的核心是把社会工作放回到人们的日常生活中，考察人们与环境系统互动的规律。这样，人们的任何改变都可以理解成依赖系统所提供的物资、情感和精神等方面的服务以应对日常生活中面临的不同挑战。显然，对系统内涵的理解是把握系统视角的社会工作的关键。可以说，系统视角的社会工作就是围绕系统的观察视角开展的，它从系统出发对社会工作的评估和介入过程重新进行梳理和解释。

（一）系统互动中的问题

系统视角的社会工作认为，人们的任何问题都可以归结为是在人与环境系统互动过程中产生的，是由两者互动关系不平衡造成的。因此，不能像以往社会工作服务模式那样运用类型化的思维方式：要么把问题理解成服务对象的问题，要么把问题当作环境的问题。这种类型化的思维方式，在系统视角的社会工作看来，就是缺少系统的观察视角，没有把人与环境联系在一起，关注两者之间的相互影响。显然，如果从这种系统的视角来理解社会工作需要解决的问题，就需要转变社会工作者的问题关注焦点，把问题放在服务对象与周围环境相互影响的逻辑框架中来考察。具体而言，问题涉及的互动关系有三种常见的方式：服务对象与非正式支持系统的互动、服务对象与正式支持系统的互动以及服务对象与社会支持系统的互动。

系统视角的社会工作之所以把问题的互动关系划分成三种常见的方式，是因为它依据的是人们在日常生活中的互动关系的特征。在实际的专业服务实践中，系统视角的社会工作发现，服务对象与周围环境系统的交流不外乎三种情况：一是与非正式支持系统的交流。这种交流注重情感的沟通和日常生活的安排，是服务对象在日常生活中因自然交往而形成的社会群体中的交流方式，像家庭、亲属和邻里等就是这种类型的支持系统。二是与正式支持系统的交流。这种交流关注某种成员关系的培养和维持，是服务对象在日常生活中为了某种共同兴趣和利益与他人形成的交流方式，像协会就是这种类型的很典型的支持系统。三是与社会支持系统的交流。这种交流专注于社会公共服务的提供，像学校、医院和福利院等就是这种类型的支持系统，社会工作服务机构也属于这种类型的支持系统。值得注意的是，这种注重在日常生活交流中理解服务对象问题的思路与以往的问题分析逻辑是不同的：不再关注问题本身，把服务对象的生活切割成个案、小组和社区的方式，而是直接关注服务对象本身，了解服务对象整个日常生活中的问题表现。这样，服务对象的问题就可能同时涉及非正式支持系统、正式支持系统和社会支持系统。

（二）系统的服务模式

通过总结实际的专业服务经验，系统视角的社会工作发现，尽管社会工作的服务对象不尽相同，而且服务的领域十分广泛，需要解决的问题差别也很大，但是任何一位社会工作者在实际的服务中都需要回答四个基本问题。而服务的展开也要围绕这四个基本问题，即谁是专业服务的实施者、谁有权力准许专业服务的开展、谁真正需要改变以及通过与谁合作才能实现这样的改变目标。系统视角的社会工作认为，这四个基本问题代表着社会工作专业服务的基本要素和组织架构，它意味着社会工作专业服务可以对应这四个基本问题而分为四个系统：改变系统、服务对象系统、目标系统和行动系统。

1. 改变系统

就改变系统而言，系统视角的社会工作与以往社会工作服务模式的看法不同，不是把服务的提供者看作社会工作者个人，而是一个系统。这个系统在系统视角的社会工作看来，有两层含义：一是社会工作的服务通常需要多个服务提供者，而且常常涉及不同专业的服务。因此，它不是单个人，而是一个工作团队，是一个系统，必然涉及服务提供者之间的相互合作。二是社会工作是一种职业，不是单个人的活动，它需要依赖社会资源保障服务的展开和个人的生存。因此，服务的提供者必然也受到这个服务提供系统的约束和影响。

2. 服务对象系统

尽管从字面上看服务对象系统就是由服务的对象构成的系统，但实际上，系统视角的社会工作恰恰希望社会工作者摒弃这样的想法。它认为服务对象之所以成为服务对象，不仅仅是因为在日常生活中遇到问题之后寻求社会工作者的帮助，更为重要的是因为服务对象认同社会工作者的服务目标和制订的计划，允许社会工作者进入自己的日常生活中开展专业服务。系统视角的社会工作强调，社会工作专业服务能够开展，依赖两种权力：一种是专业权力，是这个专业给予社会工作者开展这项服务的条件；另一种是合约权力，是服务对象给予社会工作者开展这项专业服务的机会。显然，对于社会工作者来说，这两种权力缺一不可。

3. 目标系统

在系统视角的社会工作看来，目标系统是指与改变系统希望实现的服务目标相关联的人员，只有通过影响这些人，服务目标才有可能实现。系统视角的社会工作认为，社会工作者与服务对象系统开展合作的一项重要任务，就是制定服务的目标，并由此确定需要改变的人员。因此，系统视角的社会工作所说的目标系统就是我们通常意义上认为的服务帮助的对象。系统视角的社会工作之所以这样理解目标系统，是因为它在实际的专业服务活动中发现，服务对象和帮助对象是有区别的，两者虽然有交叉，但常常并不完全重叠。前者给了社会工作者开展专业服务的机会，后者是社会工作者需要改变的对象。在实践中，社会工作者不能顾此失彼，要学会平衡两者的要求，找到双方都能够接受的服务目标，让社会工作专业服务既有效又合法。

4. 行动系统

系统视角的社会工作认为，在实际的专业服务开展过程中，社会工作者常常需要与其他人员合作，以实现服务预定的目标，包括一起研究问题、一起制订方案和一起行动等，这样的合作人员就是行动系统。系统视角的社会工作强调，这种行动系统既可以是新系统的代表，由社会工作者根据服务目标的要求人为组织而成，像骨干志愿者就是这种系统的代表；也可以是旧系统，由社会工作者根据服务目标的要求从已有的系统中选择相关人员，像照顾者就是这种系统的代表。当然，对于社会工作者来说，运用旧系统中的行动系统比较方便，不失为一种有利的选择。系统视角的社会工作还发现，即使是同一种行动系统，也可以有不同的组织方式，它们既可以直接相互影响，也可以通过社会工作者的协调间接地相互影响。

（三）系统目标导向的服务过程

在系统视角的社会工作看来，尽管四个系统的服务模式为社会工作服务的展开提供了基本的框架，但是就专业服务的具体展开过程而言，社会工作者还需要考察两个重要元素：目标和评估。系统视角的社会工作认为，所谓服务过程，就是一系列指向特定目标的有计划的活动安排，而特定目标的实现又需要借助特别设计的任务。这样，过程、目标和任务三者就紧密关联在一起。因此，社会工作者把握社会工作专业服务过程的最好方式，就是了解并运用目标和任务这两个重要元素。

像以往其他社会工作服务模式一样，系统视角的社会工作也把服务目标分成两种：总目标和子目标。总目标是整个服务活动最终希望达成的理想状态，子目标则是服务过程中希望达成的理想状态。不过，需要注意的是，系统视角的社会工作有自己理解总目标和子目标的角度，它把总目标称作各系统的结果目标，把子目标称作社会工作者的方法目标。这意味着两种目标的制定原则和方法存在根本的差别。前者涉及各系统目标的协调，包括服务对象系统、目标系统、行动系统和改变系统的要求，不仅仅局限于服务对象系统；后者主要涉及行动系统，是社会工作者根据专业要求把总目标细分为各项子目标，通过子目标的实现最终达到总目标。

评估指的是识别主系统以及子系统和其他系统积极还是消极地影响该系统的过程，评估尤其要注意系统之间的互动关系。基于评估，社会工作者能够有效决定哪一个系统或子系统需要介入，并能产生必要的改变。例如，面对一个在校行为有偏差的孩子，社会工作者可能决定将孩子作为介入的目标，利用认知行为改变其偏差行为；社会工作者还有可能将孩子作为系统进行详细的评估，包括身心灵子系统，也会评估与孩子互动的系统，例如，家庭、学校和社区。详细评估后，社会工作者发现孩子的父母正处在离婚阶段，并争夺孩子的监护权，孩子在上学之前曾多次目睹父母之间的争执。

社会工作者决定聚焦于对其父母的干预，改善他们的互动状况。因此，详细的评估可以帮助社工决定哪一个系统最适合介入。

平克斯和米纳罕提出社工在制订干预策略时应考虑四个系统：

①改变主体系统——促进改变的系统，例如，能够影响资源和工作的社工、机构和立法机关。

②案主系统——改变系统需要介入的个人、家庭、社区或其他组织。

③目标系统——最适合介入的系统（例如，上例中提到的父母和孩子）。

④行动系统——与改变系统一起合作促进改变的其他系统。

（四）多系统间的合作关系

在服务的推进过程中，社会工作者自然需要与服务对象保持良好的服务合作关系。不过，与以往社会工作服务模式不同的是，系统视角的社会工作并没有把服务对象从他们的日常生活中抽离出来，单独考察社会工作者与服务对象之间的服务合作关系以及这种合作关系对服务过程的影响，而是认为社会工作者在服务的开展过程中会与不同的系统和不同的合作伙伴打交道。因此，也就需要与不同的系统建立不同的合作关系，是一种多系统的合作。特别是当目标系统与服务对象系统和行动系统不一致时，这种特征就更为突出。

值得注意的是，系统视角的社会工作在理解专业合作关系的特征时与以往的社会工作服务模式不同：既没有把社会工作者放在专业位置上强调社会工作者的专业主导作用，也没有把社会工作者放在服务对象的位置上注重以服务对象为本开展专业服务，而是在两者之间建构自己的专业合作关系逻辑。它所依据的是一种系统的视角，强调社会工作的专业合作关系是现实生活场景中不同系统之间的合作关系。因此，在系统视角的社会工作看来，社会工作的这种专业关系在专业的层面依赖于它的利他性和客观性，即通过客观的观察和自我意识的觉察保证专业服务的利他目的。同时，通过利他目的的服务提升社会工作者的客观观察能力和自我意识的察觉能力，从而带动服务朝专业方向发展。

二、生态视角的社会工作的理论框架

生态视角的社会工作是一个开放的体系，它融合了不同的理论和概念（表 2-3-1）。与以往社会工作的理论模式不同，生态视角的社会工作把人放回到他们的日常生活中，以此为基础建构社会工作的理论逻辑。

表 2-3-1　生态视角理论的渊源

时间	代表人物	理论	主题	适用于实践的概念
1859	达尔文	进化理论	有机体与环境之间的相互作用	适者生存
1917	里士满	社会诊断	经由个人调整而改善社会经济状况	社会处置
1930	科伊尔	小组工作的社会目标模式	小组的互动过程	任务角色交互关系
1934	米德	角色理论	社会功能是一个交换过程	行为模式、社会位置
1937	布鲁默	符号互动论	形成意义	自我、概化他人
1940	戈尔登	社会诊断	改善社会经济状况和心理功能	社会经济条件对人的影响
1949	玛格丽特·米德	人类学	与文化环境的互动	民族志数据和人格发展的重要性
1959	马斯洛	人本主义心理学	赋予成长取向的生活经验	关爱性治疗关系
1951	勒温	场动力理论	理解生活空间	人在环境中
1953	洛伦茨	人种学	研究自然情境下的动物	关键时期
1956	塞里	压力理论	应对压力	适应机制
1963	班德勒	自我心理学	提升自我的效率、个人的能力	自我、功能、能力和应对的统整性
1959	杜博斯	环境生物学人类生态学	改善、适应环境	交换
1973	鲍尔比	依恋理论	经由积极的交换而形成关系	依恋、关联性
1968	贝塔朗菲	一般系统理论	了解系统的变化	开放系统
1972	切斯坦	增权	正面影响人的生活空间	交互性权力
1979	布朗芬·布伦纳	生态发展	形成个人-过程情境	微观、中观和宏观系统
1980	杰曼和吉特曼	生活模式	干预生活空间	时间、空间、生态地图
1983	迈耶	生态系统理论	环境的复杂性	生态系统

　　这样的理论建构策略旨在为社会工作者找到一个更符合人的社会生活的理论解释框架。生态视角的社会工作认为，以往社会工作理论模式在解释服务对象的行为表现时，要么借用临床治疗的研究结果，把服务对象视为有问题且需要别人帮助的人，要么借用实验室的实验结果，把服务对象当作可以直接施加影响以寻求改变的人。这样必然使社会工作的理论解释出现与实际社会生活相脱离的现象。正是基于这样的思考，生态视角的社会工作吸收了生态理论的核心思想，把人与环境之间的转换作为整个理论考察的焦点。它既包括个人对环境适应的考察，也包括环境对个人成长支持的分析，是一种同时关注个人和环境改变的双重视角。这种强调个人与环境相互转换的双重视角，在生态视角的社会工作看来，包含三个方面的基本理论假设：第一，人与环境是一个整体，不能拆分开来，它们相互影响、相互补充，一起促成了改变的发生；第二，人与环境是一个相互适应的过程，其理想状态是实现相互匹配；第三，人对环境的适应是一个应对方式的寻找过程，通过具体的应对行动消除或者减轻环境的压力。生态视角的社会工作把这种视角简要地称为生态思维，即把人与环境的关系类比为生物体与环境的关系，注重特定环境中个人的成长和改变。

（一）"个人－环境"双重转换视角

　　在生态视角的社会工作看来，个人与环境始终处于相互转换的过程中，个人的成长并不是直线型的——从起点到终点，而是发生在与环境相互影响的过程中。因此，个人与环境之间就具有了一种交互影响的特征，不仅个人影响环境，同时环境也在影响个人。如果不了解环境的影响，个人是无法预测未来变化的。这样，个人与环境就构成了生态视角的一个基本观察单位，两者是不可分割的整体。为了明确双重转换视角的内涵，生态视角的社会工作还把交互影响与互动这两个概念做了区分，认为虽然互动也强调个人与环境之间的相互影响，但是在互动过程中个人与环境被视为独立的因素，个人可以完全独立于环境之外影响环境；同样，环境也可以完全独立于个人之外影响个人。交互影响就不同了，它注重的是个人与环境关联中的相互影响。无论个人还是环境，能够影响的是一种关联方式，不是两者中的某一方。只要一方改变，另一方就会做出相应的调整；而另一方的调整又会反过来影响之前做出的改变，形成交互影响的循环圈。生态视角的社会工作不赞同运用直线思维的方式理解社会工作的服务逻辑，认为这种只关注社会工作者如何影响服务对象的因果分析逻辑很容易使人认为社会工作者是不需要改变的，需要改变的是服务对象。这样，社会工作者自然就成了指导服务对象改变的

"专家"，服务对象成了被改变的对象。生态视角的社会工作认为，社会工作者与服务对象之间是相互影响的，不仅服务对象需要改变，而且社会工作者也需要改变。更为重要的是，社会工作者需要随着服务对象的改变而改变。实际上，服务对象与周围环境中其他人的交流也一样，也需要同时改变。生态视角的社会工作强调，从这种相互影响的双重转换视角出发，服务对象与周围环境之间的影响是多层次的，社会工作者只是服务对象改变环境过程中的一种影响因素。因此，可以说，服务对象遇到的问题存在于服务对象与周围环境相互影响和相互转换的过程中，并不是个人的心理困扰或者生理局限。

（二）"个人－环境"转换中的问题

在"个人－环境"双重转换视角的逻辑框架下，生态视角的社会工作对社会工作服务过程中的"问题"进行了清晰界定，认为它不是个人内部的某种心理状况，如某种心理的结构或者人格的特征，而是个人与环境转换过程中的某种状况。这种状况首先表现为压力，即外部环境的要求与个人的需要以及拥有的能力之间出现了矛盾，失去了平衡，出现了不匹配的现象。导致这种不匹配现象的原因有很多，既可能是外部环境要求过高，也可能是个人应对能力不足，或者是个人无法得到必要的资源。生态视角的社会工作强调，它观察压力的角度与以往社会工作服务模式不同——使用了心理社会双重视角，把个人放在他所生活的日常环境中，既关注个人对环境的应对能力，也关注环境对个人施加的影响。这种基于生态视角的压力，概括起来常常出现在三个方面：生活的转换、环境的变换以及人际互动的过程。值得注意的是，生态视角的社会工作虽然把压力与问题联系在一起，坚信问题首先表现为个人所能感受到的生活压力，但是并没有把压力等同于问题，而是强调人就是生活在压力中；甚至认为成长本身就充满了压力，压力是否成为问题的关键还需要考察个人应对压力的方式。

生态视角的社会工作强调，无论压力还是应对，都反映了生态视角的一个重要特征：不是把个人进行类型化的分析并找到问题的根源，而是在特定的日常生活环境中理解个人的发展要求。这样，个人与环境转换的行为方式就成为社会工作关注的焦点。在生态视角的社会工作看来，社会工作者的任务不是去分析个人如何影响环境，或者环境如何影响个人，而是提升个人在特定生活场景中的应对能力，涉及个人内部和外部资源的运用。基于此，生态视角的社会工作倡导以一种发展的视角来理解"问题"，认为"问题"不是"病症"，并不意味着个人或者环境有问题，它只说明个人在成长发展过程中遇到了阻碍，而社会工作者的任务就是帮助服务对象寻找发展的内部潜能和外部资源。

因此，生态视角的社会工作从文化和制度的角度出发提出多样化的概念，强调不同人群、不同性别、不同种族之间的相互包容，以弥补以往社会工作服务模式过分关注个人和直接的人际互动关系的不足，加深对问题的理解。

（三）"个人－环境"的整体评估

在评估服务对象问题的过程中，生态视角的社会工作强调，社会工作者与服务对象是一种合作的关系，并不存在"谁指导谁"这种单向的帮助关系；他们一起协商，共同界定问题，并且一起寻找解决问题的方法。这种合作的关系意味着，社会工作者不能把自己置身于服务过程之外，只负责观察和指导服务对象做出改变，而需要把自己视为学习者，跟随服务的开展过程，通过与服务对象的对话交流学会与服务对象一起成长。

就具体的评估任务而言，生态视角的社会工作认为主要包括六个方面。第一，确定问题的核心系统。在生态视角的社会工作看来，尽管问题事件通常涉及多个不同的系统，但其中必定有导致问题出现而且能够促使问题发生改变的最重要的系统，这个系统就是问题的核心系统。社会工作者只有明确问题的核心系统，才能找到需要帮助的目标人群。第二，评估服务对象面临的压力以及拥有的应对能力。生态视角的社会工作发现，一旦确定了问题的核心系统，社会工作者就可以把注意力转向问题核心系统中的服务对象，评估服务对象到底面临什么生活压力以及应对这些生活压力的能力。第三，考察问题核心系统所处的环境以及对服务对象产生的影响。生态视角的社会工作假设，个人成长离不开环境的支持，服务对象也一样，也需要周围他人的帮助。通过对环境的分析，社会工作者就能够了解服务对象在成长过程中缺乏什么样的环境支持。第四，了解个人与环境转换过程中的匹配状况。在生态视角的社会工作的理论逻辑框架中，个人与环境之间是一种动态的适应关系，社会工作者只有掌握了个人与环境之间的转换方式，如两者的适应程度以及适应方式等，才能够帮助服务对象找到改善目前生活状况的具体方法。第五，明确社会工作者与服务对象合作的基础。生态视角的社会工作沿用了系统视角的社会工作的观点，把社会工作者放在特定的社会组织架构和社会环境中来考察，认为社会工作者提供的服务与其所在的社会组织以及社会环境有着密切的联系。只有通过了解这些社会组织和社会环境的要求，社会工作者才能够准确把握专业的合作关系，安排好专业的服务活动。第六，分析宏观社会环境的要求。生态视角的社会工作还把对宏观社会环境的考察也作为评估工作的重要内容之一，强调像法律、教育和大众媒体等社会因素对服务对象的影响。这些社会因素既可能是服务对象改变的资源，也可能是服务对象改变的障碍，它们也是社会工作者开展专业服务不可忽视的内容。

第四节　优势视角

优势视角不仅仅指协助案主解除痛苦与问题，更重要的是挖掘案主的优势并且在治疗计划中运用这些优势。社会工作者通常在预估和介入阶段采用优势视角，并且结合其他以优势为本的实务模式一同使用，如人本中心治疗模式以及焦点解决模式。优势视角，说到底希望挑战的是一种观察生活的视角，即从一种抽象的类型化的问题分析转向以能力挖掘为核心的场景化的个别化理解。它的整个理论逻辑架构就是围绕这个目标展开的。优势视角假设，这样一种理论逻辑架构依据的是一种新的知识观，不是来自外部的客观观察，而是来自内部的主观理解。它的核心是体验和发掘人们的成长改变动力所在，即人们成长改变的可能空间，关注人们目前生活状况与未来生活状况之间的动态关联和相互转换的方式。可以说，优势视角就是这样一种有关人们如何依据目前的生活状况转换成长改变可能空间的服务逻辑和策略。

一、优势视角的提出与特征

优势视角的提出与问题视角的理解是分不开的，正是因为服务对象面临的困扰不仅与他们在日常生活中遭遇的问题有关，而且与社会工作者所采取的服务方式有联系。如果社会工作者在服务过程中只是关注服务对象的问题，就会自然促使服务对象寻找自己生活中的不足，相信只有依赖"专家"才能弥补自己的不足，而且认为只有对问题做了彻底、深入的分析之后，才能找到有效的解决方法。实际上，生活的复杂性远远超出这种单向的因果逻辑的思维方式，这种彻底、深入的分析并不代表就能找到服务对象成长改变的线索，而且常常增添因服务过程固定化而带来的新问题。因此，在优势视角看来，社会工作者首先需要改变的是对自己习以为常的问题视角的认识。

优势视角发现，问题视角的运用至少会给服务对象带来三个方面的困惑：第一，无法提供解决问题的成功有效的经验，特别是对于长期深陷困境的服务对象来说，这方面的困惑表现得尤为突出；第二，强化了服务对象的挫败感，让服务对象感受到不仅过去遭受了挫败的打击，而且即使在现在，也因为社会工作者不断提出问题和不足，这样的挫败感受不但没有减轻，反而在加强且会一直延续；第三，相信问题隔代"遗传"，只要自己没有把问题解决掉，就会影响下一代。同样，自己的问题也受到父母的影响，因为父母曾面临同样或者类似的困难。

从服务的目标来说，优势视角认为，以往的问题视角关注的只是把问题的症状消除，而优势视角则不局限于此。它的服务目标是协助服务对象成为更有社会责任感的人，过一种更有意义而且更有成就感的生活。

优势视角是一种尊重人类潜能的社会工作理论与模式。作为一种工作模式，优势视角假定所有人和社区都拥有可以协助案主达成抱负和预期目标的优势。不像大多数传统的工作模式，优势视角聚焦于案主现有的成功经验，并且力求利用这些优势帮助案主释放潜能。优势视角模式的关键所在是优势的预估。优势的预估鼓励社工和案主聚焦于案主已经努力在做的事情或有能力去做的事情，从而帮助案主达成自我预定的目标。当然，优势视角模式也并没有忽略案主的问题，而是通过聚焦优势来帮助案主解决问题并走向一个自我定义的美好未来。

二、优势的内涵

对于社会工作者而言，如何界定优势的内涵也就意味着如何理解优势视角，优势几乎成为优势视角理论逻辑框架中最重要也是最基础的概念。尽管不同的学者对于优势有不同的看法，有的甚至差别不小，还无法形成共识，但是通常把优势视为服务对象在特定场景下应对困难过程中形成的各种能力。这种能力既可能来自服务对象的成功应对经验，也可能来自服务对象不愉快甚至失败的生活体验，包括个人的特质、兴趣爱好、品格、幽默感、创造力和独立意识等。其中，经常受到社会工作者特别关注的是能力和资源。能力是就服务对象自身拥有的优势而言的，它存在于服务对象的身上；而资源则是针对服务对象周围环境的优势来说的，它存在于服务对象的外部。显然，优势视角把优势分为能力和资源，是希望社会工作者能够同时关注服务对象个人内部的心理和外部的社会环境，而不仅仅把关注的焦点锁定在服务对象个人身上。

在优势视角看来，尽管服务对象的优势有很多，但可以把它们简要概括为八个方面：第一，服务对象在面对困境时形成的优势，包括服务对象的想法、能力、特质和动机等，这些方面的优势能够帮助服务对象在困境中找到有效的应对方法；第二，服务对象在困境中所能运用的资源，包括家庭、朋友、邻里、社区以及那些看起来平常但对服务对象成长改变来说非常重要的环境条件；第三，服务对象知道什么才是适合自己的，即使长期处在困境中，服务对象在某些方面仍然知道自己到底需要什么；第四，服务对象拥有自我调整和自我改善的能力，这种能力是人作为有机体天生拥有的；第五，服务对象拥有自我愈合和转换能力，只要社会工作者在服务过程中与服务对象保持一种开放的、对话式的合作关系，服务对象就能够把社会工作者的关怀转化为日常生活中的关怀；第六，服务对象拥有自己的知识、兴趣爱好和技能等，这是每个人都有的，它们能够帮助服务对象实现自己的理想；第七，服务对象能够树立希望，只要有了朝向未来的发展目标，服务对象就能够逐渐从过去失败、沮丧和压抑的经验中解脱出来；第八，服务对象像其他人一样有受人尊重、得到他人关爱并且能够管理好自己生活的愿望，即使在做一些伤害自己或者他人的事情，也是因为这些愿望无法得到满足。

很显然，在优势视角的逻辑框架中，服务对象的优势并不是与问题的解决直接对应的，除了包括在应对困境时所运用的问题解决能力、自我愈合和自我调整能力以及资源等因素之外，还包括与问题解决不直接相关但有利于理想实现的兴趣爱好、知识、技能等因素，是个人实现成长改变的能力。

此外，在对优势概念的讨论中，还会涉及积极心理学的一些观点。因为二战之后兴起的积极心理学也发现了问题视角的不足，提倡关注人的能力、特长以及兴趣爱好等优势方面，建立一种以希望和乐观为核心的积极心理学。显然，这样的理论逻辑与优势视角是一致的，它也成为优势视角的理论来源之一。

三、优势预估

优势视角实施过程中不可忽视的一个重要环节就是优势预估，即在服务开始之前对服务对象所具有的优势进行考察。优势视角认为，尽管优势视角受到越来越多的社会工作者的欢迎，特别是针对社会弱势群体和社会歧视问题开展服务时，优势视角已经成为一种常用的理论模式。但是就评估这一环节而言，优势视角一直缺乏受到广泛认可的指导标准，使优势视角在实际使用时常常遇到困难。究其原因，在界定服务对象的优势时，社会工作者不仅需要明确什么是服务对象的优势，找到服务对象的能力和资源所在，而这方面的探索已经远远超出了问题的界定范围；更为重要的是，优势的界定还常常涉及服务合作关系的调整，意味着社会工作者还需要把服务合作的主导权交给服务对象，从服务对象的角度理解他们的生活安排和过往的生活经验，包括理解问题的方式等。因此，优势视角强调，优势预估其实是一种包含了权力关系分析和调整的评估过程，涉及服务对象能力的提升和社会公平的改善。通过预估优势，社工和案主为寻找解决方案做好准备。优势预估包括以下 12 个指导原则：

①着重考虑案主对于事实的理解，因为他们是自己经历的专家。

②相信案主，因为他们值得信赖。

③共同探寻案主的需求。

④预估个人或环境的优势，而不是问题或障碍。

⑤对优势进行多维度的预估，包括个人层面、人际层面以及社会政治层面等不同层面的预估。

⑥利用预估发掘每个案主的独特性。

⑦在撰写预估报告以及定义优势时使用案主的语言。

⑧预估是案主与社工共同参与的活动。

⑨在预估结果上达成共识，并且这种共识是可以公开和分享的。

⑩避免责备和埋怨，因为这会使得预估聚焦于问题而不是优势，并且阻碍工作进程。

⑪避免因果关系的思维方式，因为这将导致责备。

⑫预估不是诊断。

四、优势介入策略

优势视角的介入策略与以往社会工作服务模式不同。尽管它追求场景化和个性化的服务，反对任何以社会工作者的专业为标准制定规范化和程序化服务的方式，但是它仍旧认同服务是有阶段性的，在不同的阶段服务对象面对不同的任务，社会工作者的服务策略也因此有所不同。

为了考察具体的服务策略，优势视角根据服务任务的要求把社会工作服务分为抗争、激发、保持、行动和正常化五个基本阶段。

（一）抗争

在抗争阶段，优势视角认为，服务对象刚开始与社会工作者接触，带着很多的生活困惑来到社会工作者面前，希望社会工作者能够倾听他的苦恼，并且给他一些改善的建议。此时，社会工作者既不能依照服务对象的思路开展服务，专注于服务对象的问题，帮助服务对象分析问题背后的原因，也不能不理服务对象的困扰，直接发掘服务对象的优势，而是需要从观察服务对象目前所处的状况开始，用心倾听和理解服务对象的生活故事，包括他的苦恼。

（二）激发

在发掘服务对象优势的激发阶段，优势视角强调，服务对象通常需要与自己的不自信、失败的感受以及周围他人的指责对抗。因此，社会工作者需要借用命名的方法让服务对象关注到被自己忽视的优势，帮助服务对象从新的、更为积极的角度理解自己的生活经验。

（三）保持

一旦服务对象的改变希望被挖掘出来，优势视角认为，社会工作者就面临如何帮助服务对象维持改变希望的任务。这就是保持阶段的主要任务。在优势视角看来，保持改变希望的关键不是不断肯定服务对象，或者给服务对象描述一个美好的未来，而是把希望转变成可以实现的目标，让希望能够与服务对象的日常生活联结起来，逐渐扎根于服务对象的日常生活中，促使服务对象的能力与环境中的资源匹配起来，形成相互促进的良性互动。

（四）行动

优势视角在自己的专业实践中发现，要让服务对象的能力与环境中的资源联结起来形成良性互动，少不了一个重要的环节，就是行动。优势视角认为，通过行动服务对象不仅能够把目标和希望转变成现实，将自己的能力与环境中的资源联结起来，更为重要的是，在行动过程中服务对象可学习如何运用自己的能力，一方面根据环境的变化学会应对环境的要求，另一方面根据环境的要求学会运用自己的能力和环境中的资源。

（五）正常化

在优势视角看来，自然生活场景中的行动不仅常常涉及服务对象的周围他人，而且涉及社会组织、社会服务机构等社区中的正式的社会服务资源。特别是对社会弱势群体来说，社会的边缘化是一个非常显著的特点。因此，在学习如何运用自身的能力和外部的资源时，服务对象必然同时面临生活如何正常化的要求。

五、反思性的合作关系

优势视角吸收了美国教育学家唐纳德·舍恩的反思式实践者的观点，认为社会工作者就是这样一种类型的实践者：他们需要随时、不断地在实践中反思自己面临的挑战以及应该选择的介入策略，从而找到前进的方向和途径，绝不是通过服务介入计划的制订和执行就能够达到服务目标的。优势视角强调，正是这种类型实践的特点决定了社会工作是一种社会工作者与服务对象一起探索成长改变方式的合作服务。在这种服务中，既需要服务对象的参与，发挥服务对象的优势，也需要社会工作者的参与，呈现社会工作者的专长，两者既相互影响又相对独立。

通过与以往社会工作服务模式的比较，优势视角发现，社会工作者在使用这种模式时需要走出办公室，在服务对象的日常生活场景中与服务对象建立一种反思性的服务合作关系。这种关系具有五个特征：第一，目的性。在优势视角看来，这种合作关系是社会工作者有意识地建立起来与服务对象一起寻找困难解决方法的工作机制。正是通过这样的合作工作机制，社会工作者才能够帮助服务对象确定改变的目标，发掘自身拥有的改变的动力和能力，找到改变的资源，增强服务对象改变的信心。尽管所有的社会工作服务模式几乎都强调专业合作关系的目的性和重要性，但是优势视角推崇的是一种以日常生活为基础的、以成长改变为导向的合作关系。第二，交互性。优势视角把社会工作者比作服务对象成长改变路途上的陪伴者，双方一起寻找解决问题的方法，一起探索前行的方向，分享改变路途上的成功和喜悦，绝不是一边倒的指导和被指导的关系。优势视角强调，服务的过程其实是双方相互学习的过程。如果社会工作者希望服务对象成为一个好的学习者，首先自己就需要成为善于学习的人，包括用心倾听服务对象的故事，了解服务对象的独特观察视角和成长改变的优势所在，并且设法让服务对象找到成长改变的机会，而不是依据自己的专业标准给服务对象做一个类型化的专业分析。第三，支持性。优势视角不赞同以往社会工作服务模式把社会工作者视为服务对象的朋友的观点，认为虽然社会工作者需要与服务对象保持一种接纳、同理的支持关系，但不是一种付钱式的朋友关系。这种合作关系除了能够促进双方的成长之外，更为重要的是，能够带动服务对象与周围他人关系的改善，变成一种积极的支持关系。第四，信任性。对于优势视角来说，社会工作者与服务对象之间的信任包含两个层面的内涵：不仅相互之间需要保持诚信，避免欺骗和利用，而且社会工作者需要坚信服务对象是拥有自己独特生活经验的人，总能够尝试自己认为最重要的事情。社会工作者不是发现服务对象的问题并去指责服务对象，而是尽可能设身处地地理解服务对象。第五，增能性。优势视角把增能概念引入服务合作关系的建立中，认为服务对象才是整个服务合作关系的主导者，而社会工作者只是协助者，支持服务对象根据自己的改变意愿做出选择，学会运用自身的能力和环境中的资源。优势视角强调，只有在这样的增能性的服务合作关系中，服务对象的改变能力才能提升，改变的视野才能更开阔，改变的选择才能更坚定。

第五节 社会发展视角与宏观视角

社会工作的发展视角或发展性社会工作的兴起代表了社会工作致力于超越治疗目标的努力。这一方向的代表性人物是詹姆斯·米奇利和迈克尔·谢若登，前者较为系统地阐述了社会发展视角，后者提出了资产建设这一重要概念。

一、发展性社会工作的理论框架

虽然不同的学者对发展性社会工作有不同的理解，要达成清晰一致的认识似乎仍存在不少困难，但是这也说明社会发展理念内涵的丰富性和开放性。就服务逻辑的理论框架而言，发展性社会工作已经与传统社会工作有了明确的区分，它注重的是开放处境中的发展和改变，而不是给定条件下的修补和预防。那些能够带来发展和改变的能力、资产、增能、自决和参与等概念就成为这一理论模式考察的重点，之前一直被忽视的像社会投资、社会权益等内容也成为社会工作不可忽视的重要内涵之一。这样，发展性社会工作的目的也就不局限于个人的成长改变，同时还包括平等关系和社会公正的倡导。

（一）以发展为导向

社会发展是一个过程。过程的意义并不像心理动力理论中的过程，心理动力理论中的过程关注沟通互动、行动、对沟通互动和行动的感知，以及对它们的反应。在社会发展中，过程更关注的是干预需要以连贯一致、有规划的系列方式进行。

发展性社会工作认为，对于社会工作者而言，首先需要解决的一个理论问题是服务的目标和焦点，即社会工作自身的功能。如果把社会工作视为对"有问题"的人群开展的服务，那么它的功能就是修补、治疗取向的，目的是消除给服务对象和社会带来困扰的不足部分。这种观点背后存在这样的理论假设：服务对象是有问题的人。如果把社会工作当作带动人们成长改变的服务，那么它的功能就是改变和发展取向的，目的是发掘人们拥有的改变能力和资源，它相信服务对象是拥有改变能力和资源的人。这样，发展性社会工作也就具有了与传统修补治疗取向社会工作不同的服务逻辑。

发展性社会工作强调，通过发展这个概念就能够把微观个人和宏观社会的改变联结起来，相互促进。更为重要的是，从发展这个概念入手，还能够促进一直为传统社会工作所忽视的弱势人群物质生活方面的改善，如健康管理、脱贫、脱盲等，让社会工作服务与人们的日常生活改变结合得更为紧密。不过，值得注意的是，这种与生活改变结合的要求也会给发展性社会工作带来另一方面的困惑——发展概念的模糊不清。因此，概念边界的划分就显得尤为重要。

此外，发展性社会工作还提出社会融合和正常化的概念，认为发展性社会工作不同于传统的以修补治疗为取向的社会工作服务，不是让服务对象从自己的日常生活中抽离出来进行辅导和治疗，或者给服务对象提供一些弥补不足所需要的社会支持；而是引导服务对象回归自己的家庭和社区，融入自己的日常生活中，培养和提升服务对象在社区生活中的独立生活的能力，过一种有尊严的、正常化的社区生活。

（二）以社区为场景

与社会发展紧密联系的一个概念是社区发展。这一理论受到以联合国为首的国际非政府组织和各类非政府组织的青睐，希望经由聚焦于社区的更为本土化、更为地方化的发展活动来实现地区发展，推动社区发展，旨在将西方的地区发展经验推广到第三世界国家。然而这一尝试似乎并没有取得预期的成功，因为社区发展是需要置于一个更为广阔的背景之中来实现的。

发展性社会工作的服务重点是帮助那些在社区生活中遭遇困扰的人群。它不同于机构院舍的服务，不是在给定的服务范围内开展特定的服务，而是针对人们在日常生活中遭遇的困扰开展综合性的服务。无论是从 20 世纪 50 年代发展中国家的发展性社会工作的实践经验，还是从目前国际化平台上发展性社会工作的探索来看，发展性社会工作的主要实践场域都是在社区，是社区工作的一种服务形式。因此，发展性社会工作也像一般的社区工作一样，注重社区的建设、社区居民的参与以及社区服务项目的策划等。与一般社区工作不同的是，发展性社会工作更为关注社区服务中经济元素的运用和社会投资概念的采纳。显然，发展性社会工作更符合发展中国家的现实需要，因为在发展中国家，社区发展中的贫困以及由贫困带来的社会边缘化的问题更为突出。尽管社区服务中经济元素运用的重要性已经被许多社会工作者认可，但是在发展性社会工作看来，实际上真正运用经济元素开展社会工作服务的不多。这除了受资源不足等现实困难的影响之外，还因为传统的社会工作服务一直把经济元素的运用排除在专业服务之外，从而导致这方面服务经验的不足和服务手法的欠缺。

在实际的服务中，社会工作者经常采用的手法包括挖掘贫困人群的能力、加强社区的支持网络、推动居民的参与等，以此带动社区贫困人群的增能，改善他们的物质生活状况。从物质生活水平改善这个意义上说，对社会投资、资产账户等概念的运用就有了更有针对性的服务策略和方法，也让社会工作在社会发展和社区发展中有了自己的独特位置和功能。

在发展性社会工作看来，当服务对象面临一种长期的生活困境时，如贫困就是比较典型的例子，他们所需要的服务就不仅仅是传统社会工作所倡导的短期的辅导和支持，同时还需要一种长期的帮助和支持。而开展这种长期帮助和支持服务的最好场所不是机构院舍，而是社区，即人们日常的自然生活场景。发展性社会工作强调，只有在社区自然生活场景中，人们才能够建立和维护日常生活所需要的基本尊严，包括日常生活的安排、亲情的支持以及社会参与等，才会有真正的人的成长和发展。

（三）投资策略

发展性社会工作与传统社会工作的一个重要区别就是投资策略的运用。在发展性社会工作看来，提升贫困、弱势人群生活水平最直接也是最有效的方法是投资策略的运用。通过投资，服务对象不仅能够获得参与经济生活的机会，也能够增加个人和家庭的收入；更为重要的是，还能够获得与住房、医疗、教育以及娱乐等相关的生活保障条件，使服务对象能够真正感受到能力的提升。为此，发展性社会工作开拓了不同形式的投资策略，常见的有人力资本投资、岗位开发、小微信贷、小微企业和资产账户等。此外，发展性社会工作把与投资策略相关的成本效益的观点也引入社会工作的专业实践中，强调社会工作服务需要评估服务成本和成效，力求实现服务效益的最大化。

发展性社会工作认为，服务对象的自决和参与是发展性社会工作区别于传统社会工作的一个重要方面。因为只有通过服务对象的自决和参与，才能打破传统社会工作"专家"知识的服务框架，让服务对象的声音真正被周围他人和社会工作者听到，由服务对象自己去经历自己的生活、决定自己的生活安排。这样，社会工作者与服务对象之间就是一种平等对话的关系。借助这样的对话，服务对象的改变意愿以及对自己生活安排做出的决定就能够得到社会工作者的尊重和支持，而这样的尊重和支持又能够进一步推动服务对象改变意愿和自决能力的提升。因此可以说，发展性社会工作所倡导的投资策略其实也是服务对象自决能力的一种体现。

二、宏观社会工作的理论框架

宏观社会工作也称为社会工作宏观实践，是针对微观社会工作而言的，是指在机构和社区内引导积极的社会变迁的相关专业活动。它始于 19 世纪晚期，以处于个人、小组、家庭层面之上的组织、社区、地区和国家为目标系统，强调社会政策的发展、有效服务的组织开展、社区生活的强化和社会疾病的预防。社区工作、社会工作行政和社会政策是宏观社会工作的三大部分，它们在社会工作中紧密相关。三者的实务架构相近，界定问题、分析原因、提出方案、计划推行、工作评估等是三者需要共同遵守的实务程序。

宏观社会工作不同于从个人适应或者个人抗逆力着手的微观辅导的视角，它不仅关注问题的消除，也注重问题的预防。特别是深藏于社会处境背后的社会结构中的社会歧视和社会排斥的消除，是宏观社会工作的关注重点。它倡导的是一种在日常社会生活处境中并且伴随日常社会生活处境一起改变的专业服务方式。显然，这种服务方式不同于传统的社会工作，依据的是一种自下而上的经验知识的逻辑，主张建立一种去中心化的专业服务合作关系，通过服务过程中的平等对话帮助服务对象挖掘改变的意愿和能力。

（一）社会思维

在宏观社会工作看来，解决社会宏观层面的问题通常有两种不同的思维方式：一种是自 17 世纪启蒙运动起所推崇的二元对立的思维方式，也称为理性解决问题方法，它从人的理性入手，注重问题的分析、诊断和解决。这种思维方式影响现代社会生活的各个方面，并在 19 世纪末 20 世纪初随着社会工作的专业化和科学化开始走进社会工作，成为社会工作服务模式的主导理论框架。特别是在社会工作的通用服务模式中，这一思维方式的特征体现得更为明显。

另一种是从 20 世纪 70 年代开始倡导的社会建构的思维方式。这种思维方式强调，运用传统的理性问题解决只会加剧社会的两极分化，产生一种"精英"社会，而社会弱势人群则会变得更为弱势。更为重要的是，传统的理性问题解决把问题从日常社会生活中抽离出来，借助个人理性这项工具寻找解决问题的方法，使整个问题解决过程中缺少了社会的元素。而引入社会建构的思维就是要把社会的元素融入社会工作专业服务的每个环节，让社会工作真正成为"社会"工作。

在宏观社会工作的逻辑框架中，个人改变与社会改善是同步的，两者相互作用、相互转化，不能人为地拆分开来。宏观社会工作认为，在社会工作者的帮助下，服务对象不仅在寻找解决问题的方法和途径，也在建构社会的现实，推动社会的改变。

宏观社会工作强调，这种把社会现实视为社会建构过程的社会思维，与西方启蒙运动所推崇的二元对立的思维根本不同。二元对立的思维注重的是个人的自由，关注个人如何采用一种理性的行动方式实现自己预定的生活目标，而整个现代社会就是依据这样的个人理性自由原则建立起来的。宏观社会工作发现，这种二元对立的个人理性思维方式源于经济生产的需要，是人们驾驭物质生产过程的工具。但是，这样的思维方式放在社会生活领域就会遭遇困难。因为社会不是由一种类型的人组成的，人们之间存在权力和利益的差异，社会公平公正也就成为社会生活领域的一项根本诉求。

（二）社会改变

正是在社会思维逻辑框架的指导下，宏观社会工作对于服务对象在日常社会生活中遭遇的问题也有自己的理解，认为对这些问题不能仅仅从个人的角度去界定，同时还需要放在社会生活场景中从社会的角度去理解。这样，宏观社会工作也就对服务对象的问题有了自己的界定方式，称之为社会问题。

基于对服务对象所遭遇问题的社会性考察，宏观社会工作认为，服务对象的问题不仅复杂多样，问题的不同层面、不同方面之间相互影响，而且随着社会生活场景的变化而变化，具有明显的动态性。因此，针对服务对象的问题而采取的改变策略也需要依据特定社会生活场景中的问题关联方式做具体的调整。它无法从一种社会生活场景中生搬硬套到另一种社会生活场景中，也无法从一个层面的尝试直接运用到另一个层面的改变上，而需要采取一种随机应变的方式。值得注意的是，宏观社会工作在专业实践中发现，服务对象问题中的任何一个方面发生改变都会影响其他生活方面，从而带来服务对象整个生活的改变。

宏观社会工作坚持认为，现代社会以经济为基础，并以此来审视社会生活的安排。因此，它强调一种个人理性的问题解决思维方式，甚至把人际互动也理解为利益的理性互换，注重的是个人的理性选择和成效的最大化，根本无视人们日常生活的社会性。这样，依据现代社会思维方式建立起来的社会工作也只关注个人理性的掌控能力以及对环境的适应性。为此，宏观社会工作提出，只有将注重个人理性的问题解决思维方式放到具体的社会生活场景中，关注面对面的人际互动以及"双向式的反思"，才能从现代社会的理性问题解决思维的局限中解脱出来，建立起一种能够适应"后现代社会"的以社会思维为基础的社会工作服务模式，真正注重人的成长和社会的改变。

（三）服务策划者

尽管从事宏观社会工作服务的社会工作者需扮演多种角色，常见的包括项目策划者、社区组织者、教育者、倡导者、政策分析者以及资源链接者等，但是就服务焦点和层次而言，从事宏观社会工作服务的社会工作者有一个很重要的角色，就是服务策划者，即服务系统提供和输送的规划者。与传统社会工作不同，宏观社会工作关注的不是在服务活动层面考察服务的组织和实施，而是在服务系统层面规划服务的安排、监督和评估，它是一种在社会发展层面对服务所做的规划，目的是创造一个更为公平公正的社会。这样，它就涉及政策的分析、利益相关的考察、服务的倡导以及资金的申请和分配等，在一个比较宏观的层面推进社会工作专业服务的组织和实施。

宏观社会工作不只包括宏观层面的服务，也不只包括服务范围的扩展，它作为社会工作专业服务的必要组成部分，越来越受到人们的关注。而在后现代主义思潮的推动下，人们已经看到了个人成长与社会改变之间的内在关联以及社会发展的重要性。宏观社会工作虽然目前还面临人才短缺、课程不规范、社会认同度不高以及被边缘化等方面的问题，但是它作为一种能够整合个人成长和社会改变的新的社会建构的知识观，正在被人们接受。也让人们认识到，在日益复杂的社会问题面前，社会工作需要一种能够将微观和宏观联结成一体的整体视角。正像宏观社会工作所倡导的，我们不仅需要解决一些具体的问题，也需要创造一个更公平的社会，我们的目标只有一个，就是让我们的心灵有安身之处。

（四）能力策略

在专业服务的具体安排上，宏观社会工作提倡一种以促进社会改变为核心的能力取向的实践策略，它包括四项重要的服务原则：第一，寻找机会让服务对象直接参与，如组织服务对象互助队或者建立服务对象例会制度等，给服务对象提供直接参与专业服务的机会，而不是仅仅把服务对象视为服务的对象；第二，鼓励服务对象学会主动掌控自己的生活，包括提供相关的资讯、教育和培训，以协助服务对象提高对生活变化的应对能力，增强服务对象的生活掌控感；第三，挖掘服务对象的改变能力，包括服务对象的兴趣爱好、特长和优势等，促使服务对象身份的改变，即从受助对象变成服务提供者，再转变成社会改变的推动者；第四，建立以优势为基础的合作联盟，如服务对象之间的互助、服务对象与周围其他人之间的协同以及社会工作者与服务对象之间的专业合作等。帮助服务对象在日常社会生活中找到改变的能力和资源，创造一个能够带来社会改变的合作联盟。

宏观社会工作认为，这种能力策略的核心是让服务对象成为专业服务的主导者，由他们自己做出生活改变的决定，规划生活改变的安排；而社会工作者只是服务对象改变的协助者和合作者，挖掘服务对象的改变意愿和改变能力，为服务对象的生活自决提供机会和支持。这样，社会工作者就需要从传统社会工作的帮助者转变成协助者，把生活改变的权利归还给服务对象；不再通过直接的服务指导服务对象如何进行改变，而是借助对服务对象改变能力和资源的挖掘，促进服务对象成为自己生活的改变者，主动参与到日常社会生活的改变中。宏观社会工作提醒社会工作者，尽管在社会思维的框架下社会工作者失去了"专家"的位置，但是这并不意味着社会工作者在服务对象成长改变过程中的重要性降低了；恰恰相反，是重要性提升了，只是社会工作者的服务方法发生了根本转变，注重服务对象的能力提升，是一种增能策略。

第三章　社会工作价值观与伦理

本章将介绍社会工作价值观与伦理，依次介绍了三个方面的内容，分别是社会工作价值观、社会工作相关伦理责任及伦理守则的制定与执行。期望通过本章的讲述，使大家能够加深对相关知识的了解。

第一节　社会工作价值观

一、实践的职业准则

2005 年 4 月，"社会工作者"在英国成为一个被保护的头衔，只有取得认证资格且注册过的社会工作者才可以使用此头衔。2012 年 7 月前，社会工作实务人员的注册单位为社会照料委员会。所有的社会工作者都必须通过社会工作者认证，以满足关于继续职业发展的要求，并且证明他们的能力符合国家职业标准。2012 年 7 月，健康和治疗职业委员会成为社会工作者的注册机构，该机构发布了《英格兰社会工作者能力精通标准》。

同时也有一些变革显著地改变了社会工作者应符合的职业准则，其中包括社会工作改革委员会于 2011 年提出的《职业能力框架》。此框架被社会工作协会接受。同年，此机构也变成了一个法人单位。《职业能力框架》确立了九个不同的能力，从开始接受社会工作训练，到完成职业评估和支持年，直至成为一名认证社会工作者、资深社会工作者及高级实务人员，这九个能力的复杂性逐渐增加。这九个能力或多或少都与社会工作价值观有联系，同时其中四条明确涉及符合伦理的实践，即"价值观与伦理""多样化""权利、公正和经济福祉"及"批判性反思和分析"。

除了以上的变革，2012 年，全英社会工作协会和国际社会工作者联合会更新并修正了他们的《伦理准则》。

虽然这些准则都与社会工作实践相关，但也有一个重要的区别。健康和治疗职业委员会的准则中强调认证社会工作者在实践活动中的"能力精通"程度，而《职业能力框架》聚焦于一名社会工作者职业生涯中能力的持续发展。这两套体系都涉及实践中的标准。与其相对，全英社会工作协会和国际社会工作者联合会的准则则是专门的伦理准则，具体而言，是基于机构价值观的道德原则和宣言。

这四套准则之间有一些共通之处。第一，都要求社会工作者批判地反思价值观，知晓自己的价值观可能会对自己的实践活动产生影响，能够辨别伦理困境并能与服务对象、照料者和其他职业人员一起解决伦理困境。第二，这些准则提出，社会工作者应在促使服务对象达成自主和自决权利的同时，平衡职业责任或法律规定。第三，当社会工作者感到服务对象做出的决定对他们自己有害时，社会工作者必须对这些决定提出质疑。

社会工作者有共同的意识形态吗？美国心理学家阿尔伯特提出，社会工作者存在四个基本价值观：

①对人权的基本尊重。

②社会责任感。

③对追求个人自由的承诺。

④支持自决的权利。

进一步的研究反复强调了这些研究发现。国际社会工作者联合会和全英社会工作协会支持了这些价值观，在《伦理准则》中确定了"人类的权利和尊严""社会公正"是重要的价值观。如前所述，健康和治疗职业委员会和《职业能力框架》也更加重视多样化、服务对象的权利、公正和经济福祉等领域。目前，这些变革对于实务工作者在践行具体准则方面的能力，以及使用职业伦理来平衡个人伦理准则和个人正义感能力的影响还有待观察。

二、法律和政策

确保社会工作者践行符合伦理实务的方式之一，是在机构政策和法律的范围内行事。这个原则为社会工作创建了一个强有力的情境，其中确立了实务的范围。同时，也存在僵化地、不经思考地执行规定的危险。当机构发生急剧变革时，这种危险尤其可能发生。

不管人们有多么一丝不苟，几乎都不可能掌握所有法律的变化，以及由此引发的社会工作整个领域内相关政策和程序的变化，也不可能掌握变化的节奏。变化不一定是件坏事，但是即使是好的变化也可能会令人不安，成为巨大的压力源。

社会工作者们应该知道，法律和政策是重要的，法律和政策赋予社会工作者履行他们责任的指令和权利。本节不讨论不同的法律和政策及其道德和伦理的情境，每个人都会形成自己的观点。关于将被执行的法律和政策，最主要的伦理议题是社会工作者如何将抽象的法律和政策语言与执行的现实达成平衡。

以社会照料的个人化为例，这项 2008 年颁布的倡议鼓励"个人导向的支持"，以便于服务对象能够管理他们的私人预算、个人预算和直接支出。有人认为"个人化"是一个促使服务对象变得更具有灵活性、自主性和自由的过程，有人则认为此政策确实有此导向。但许多地方政府机构却以"个人化"为借口严重地缩减对现有服务对象的服务，导致现有系统不足以维持。例如，缩减政府购买服务的预算甚至是基本服务的预算，导致服务对象无从选择也无自主性可言。

社会工作者面临的许多伦理问题和伦理困境都没有明确的答案。应对方式之一是执行机构的程序，严格按照法律和政策规定行事。但不管这些规定如何清晰，也不可能在每个具体情况下告诉实务人员具体要做的事情。如果不假思索地执行程序也可能会导致情绪上的封闭，这是在持续为弱势的、有需求的人群工作时产生的应对艰难感受的一种防御机制。

三、反思性实践

虽然在实践中进行反思的重要性不言而喻，但是人们可能不理解为什么这个因素成了矩阵的最后一部分。这一点将在反思性实践的定义后进行讨论。

社会工作者们必须有能力反思他们的实践。社会工作者们被告知他们在进行评估时必须"有分析的能力"，他们应能"批判性地反思"或"批判性地反射"，或更有"批判性"。这些词往往被相互替代使用，似乎意味着它们的意义相同。社会工作者可能有一种感觉，他们被要求做一件事，但是可能对这件事是什么和如何去做感到疑惑。

常常被提到的实践方式包括反思性的、反射性的和批判性的实践。这三种实践模式的倡导者都认为他们各自的模式能保证最好的学习方式。琼斯区分了这些概念，但也同时说明其在实务中的区别并不清晰。这三种方式都包括分析情况并从中学习。她认为反射性的实践最大限度地确保了对道德困境的知晓情况，因此使实务工作者能挑战别人和自己的实践。

有学者区分了批判性反思和批判性反射的不同。批判性反思包括对过去发生的事情进行反思，包括对一个关键的场景和时间及其中学习过程的思考，这些思考可以被应用到其他情境中。批判性反射则是关于现在的情况，是关于从不同角度来思考可能会导致不同的理解和看法的角度。一名实务工作者从确定在关键的事件中隐藏的假设开始，然后思考自己的想法和实践是否可能有所不同。这种思考方式可能不适合推广到别的情况中。富克斯和阿斯克兰德特别将批判性反射自身作为一个工作概念进行推广。

另一种能帮助理解这些概念间区别的方式，是将批判式实践分为批判性行动、批判性反射和批判性分析，并分解成指导原则。批判性分析包括评估实务工作人员现有的理论、政策和实践知识基础，并且知晓不同的理解角度。这种方式包括持续地在不同层面思考这些知识，不是一次性的活动。这样的思考引发批判性行动，即实务工作人员有意识地利用他们的技巧、知晓权力的不平衡性，用以对服务对象赋权。

这些区别可能会让人疑惑。本节使用的是反思性实践，因为这个概念认为任何分析都包括批判性的成分，要思考个人自己的假设、价值观和权力基础。这些因素为反思目前的实践活动提供了不同的角度。

大多数实务工作者认同反思性实践的重要性，并声明他们是按这种要求履行自身职责的。令人疑惑的是，实务人员是有能力的，他们拥有关于政策、法律的丰富知识和较强的写报告的能力，但是他们可能不能确定自己在实践中的位置，或以有意义的方式反思他们的活动。在此举两个例子：两个有经验、有能力的实务人员在他们的机构中都有良好的声誉，是"优秀社会工作者"。一个在管理者的职业生涯中努力进步，他断绝了任何和工作相关的感情联系，以便更好地执行工作程序，他因此获得了很多赞誉。另一个拒绝讨论种族主义，因为她在伦敦开展实务工作，她认为伦敦是一个非常多样化的城市，"种族主义根本不存在"，她只处理"与多样性有关的议题"，因为这是她在开展评估时必须完成的部分。

社会工作的实务人员和管理者在确保实施儿童保护中至关重要。令人担忧的是传统中深思熟虑的反思性的社会工作实践方式可能无法实现。目前过分强调步骤和目标的工作方式可能会使社会工作的实践方式面临威胁，最终导致社会工作者失去自信。社会工作者在一个支持性的学习环境中开展工作是至关重要的。这种环境积极地鼓励持续性发展职业的判断和技巧。

以上讨论中呈现出的一个主题是将自己和自己的实践连接起来。这种连接可能是察觉自己的个人和职业价值观，自己在某个场景中的情绪反应，以及去发掘其背后含义的意愿。社会工作实践包括与他人建立关系，这种连接不可能在社会工作者处于"自动驾驶"的状态下建立，即便说这种状态会引发危险的实践行为也不会言过其实。

社会工作者们应当从他们开始社会工作训练时就"展现出反思和分析自己经验（教育方面的、个人方面的、正式和非正式的）的能力"。这种能力属于"思辨性地反省和分析"，是《职业能力框架》中的一项。

健康和治疗职业委员会在 2012 年制定的精通准则中与此相关的内容包括：
①在受到抵制和产生矛盾的情况下工作。
②理解与服务对象和照料者互动中的情绪动态。
③能反省和回顾实务过程。
④理解实务中批判性反思的价值。
⑤收集、分析、批判性地评估，并使用知识来提出建议或修正实践活动。

全英社会工作协会制定的《伦理准则》进一步说明了这一点，反射性的实践活动与职业的正义性，即做出经过考虑的职业判断相联系。

社会工作者应该通过平衡的和经过充分考虑的论证做出判断，对他们的价值观、偏见和利益冲突对实践活动和他人的影响保持察觉。这一点正好回归于价值观及其在社会工作中的中心地位。

四、反歧视性实践

反歧视性实践是一种兴起于 20 世纪 80 年代的工作方式，当时种族主义对社会的影响越来越受到重视。目前这种工作方式应用更广泛，包括了所有基于社会因素的歧视（比如，因残障、年龄和性别受到的歧视）。"反压迫性实践"和"反歧视性实践"常被相互替代使用。对于一些实务人员来说，这两个词没有区别。另一些实务人员识别了歧视并在工作中有所察觉（即以反歧视和反压迫的方式工作）。他们认为，后者用一种更积极的方式识别社会中的权利差异和结构性的不平等。

服务对象身上反映的问题，并不能被清晰地归类于某类"主义"并以此展开工作。汤姆森提出多种压迫发生在个人（personal）、文化（cultural）和结构性（structural）层面的情况，统称为 PCS。

美国社会工作学界，如奥提兹和贾尼在社会工作情境中创造了交互性这个概念并用以建立批判性种族理论。这个理论假设种族是一个社会建构的概念，其存在的目的是为社会分层塑造社会心理。虽然这个理论最初是关于种族的，但是后来被扩展到阶层、性别、宗教、民族、残障、教育成就和居住状态等领域。基于对社会公正的承诺，同时认识到"多个次要的个人身份变量"，实务工作人员可以更积极、更全面地为服务对象工作，避免落于俗套的分类方法。

简单地识别交互性这个概念本身不能保证反歧视性实践，因为每个人都会根据自己的生活经历来解释自己在社会中所处的位置。识别主要和次要的个人身份（相对于社会中的主流群体而言）有利于形成一个多层次的图像。

实务工作人员应在服务过程中通过一系列的开放式问题鼓励服务对象讲述自己的故事，这是一种捕捉他们个人经历的方法（相对于通过道听途说和刻板印象将他们在广义的社会公众中定位）。进而，社会工作者的责任是反思问题所反映的实质问题，以及这些问题与社会工作者职权范围及所能提供的服务间的联系，以及这些服务在文化意义上是否合适。

批判性种族理论强调社会工作和职业能力中的"权利、公正和经济福祉"是非常匹配的。理解服务对象的经济地位对于社会工作者而言是非常重要的。正如汤姆森指出的，了解这一点就是掌握了用结构性的知识来解释歧视在组织层面发生时是如何导致社会某些方面出现不良后果的。

第二节　社会工作相关伦理责任

社会工作的完整过程一般包括六个阶段，分别是接案、预估、计划、介入、评估和结案，每个阶段的工作任务、工作内容和工作方法都有所不同。本节主要分析在这一系列社会工作实务中对服务对象的伦理责任。

一、开始提供服务的伦理责任

社会工作者在接案时，应对服务对象的自决权给予充分的尊重，高度负责地提供协助。当取得服务对象的同意后，再开始向案主提供专业服务，紧急情况除外。注意在任何情况下，社会工作者都不能通过不合理的行为，如诱骗、欺诈等来获得服务对象的同意。如果案主求助的问题是社会工作者专业能力之内无法解决的，或者服务机构没有相匹配的资源来提供帮助，或者机构没有这方面的服务业务，那么就要秉持着负责的态度向其他机构转介。社会工作者在接案时要对自身问题、法律问题等进行全面、客观的评估，以判断自己的专业能力是否适合接案，是否能够帮助求助者解决好他们面临的问题。

二、服务中断和终止的伦理责任

在社会工作服务过程中，如果没有事先说明或恰当转介或得到服务对象同意，不能没有理由地停止服务。这是社会工作专业的一个基本伦理守则。美国咨询协会守则明确规定，咨询师在咨询过程中不能将服务对象忽视或放弃，在必要时应进行合理安排，让服务对象继续接受治疗；如果咨询师自己因生病或放假或辞职而无法继续提供连续的咨询服务，应做好交接工作。社会工作者即使面临搬迁、疾病、身心障碍等问题，必要时也应尽力确保由自己或他人继续提供延续性的服务，避免服务中断。

社会工作者协会往往会对终止服务做明确规定，以美国为例，主要体现为以下几点：

①当服务机构与服务对象的需要不符时，社会工作者应终止服务。

②社会工作者不能为了向服务对象收取报酬或建立某种私人的满足自身利益的关系而终止服务。

③社会工作者应通过合理步骤终止服务，一般不要突然撤销所有服务，以免服务对象仍需要帮助。除非有特殊情况，如果一定要突然终止，则应该对各项有关因素进行考虑，尽可能减少终止服务对服务机构、服务对象造成的负面影响。

④社会工作者应将必要的服务延续下去，合理安排。

⑤在付费服务中，如果事先服务者与服务对象双方签订了财务方面的合约，服务对象没有特殊情况，或者如果服务者曾和服务对象探讨过未付款所带来的后果，那么对于逾期未付款的服务对象，工作者可以终止服务。

⑥当社会工作者准备中断或终止服务时，应马上向服务对象发出通知。如果服务对象还有被服务的需要，可帮助其转案、转介，也可在双方协商达成一致的情况下将服务延续下去。

⑦社会工作者如果要离职，应该向服务对象说明对延续服务进行选择的注意事项及可能承担的风险。

总之，在开展社会工作服务的整个过程中，社会工作者要将给服务对象带来的伤害减少到最小，在遵守伦理守则的基础上履行伦理责任，提供专业优质服务。而且在不同的工作阶段，不同伦理责任对应的伦理实践是有区别的，具体概括如下：

首先，在社会工作的前期，要做好宣传工作，合理制定财务预算，协助服务对象选择服务者，将具有实验性的工作方法明确下来，做好安全预防工作等。

其次，在社会工作的中期，要保护服务对象的隐私，遵守法律，征求意见，做好记录，采取必要手段来制止服务对象那些有明显伤害自己或他人倾向的行为等。

最后，在社会工作的结束期，要及时发现服务对象关心哪些问题，了解服务对象还需要什么帮助，自己是否能提供帮助；如果不能，要终止服务，同时协助转介，并对服务质量进行评估。

三、介入环节的伦理责任

社会工作者在工作的介入环节应注意以下几点：

第一，社会工作者要在独立领域向求助者提供专业服务时，或要在工作中对新的技术或方法加以使用时，要接受专家的督导。这里所说的专家必须是在该领域有相当经验的人。

第二，如果社会工作者从事的工作是一个比较新的领域，还没有建立伦理守则，其在工作中应谨慎判断，按照合理的步骤来开展工作。每一步都要负责，做好每个环节的工作，以充分保障案主的利益。

第三，社会工作者在提供专业服务的过程中，要正确审视个人问题，不要因为自己的问题对专业判断和服务造成影响，以免损害求助者的利益。

第四，职业耗竭是社会工作者经常会面对的一个问题。这种情况下社会工作者应主动接受专业治疗，提出调整工作内容或工作量的合理要求，以免使求助者的权益受损。

四、付费的伦理责任

虽然社会工作机构被鼓励免费提供专业服务，不要计较回报得失，但与服务费用相关的伦理责任是社会工作者难免要面临的。社会工作机构的服务收费标准应合理、价格公正，要对求助者的经济负担能力进行必要的考虑。如果收费标准与求助者的实际情况不符，先了解他们能够接受的价格标准，然后再提供相应服务或进行转介。如果是工作机构安排社会工作者向他人提供专业服务，帮助解决问题，则社会工作者不应私自向服务对象收取费用。

五、记录的伦理责任

社会工作者要尽量清楚地记录服务过程中的各种承诺、协商结果、转介等重要决定。记录要完整、仔细，这样有助于向案主提供更好的服务，并清楚服务进度。即使社会工作者个人因生病、休息或离职而无法继续服务，只要有完整的记录，服务就不会中断，可以安排其他工作者继续服务。社会工作者记录的内容要符合事实，要有时效性和实际意义，这样才能更好地对自身提供的服务进行描述与解释，并对服务对象证实服务的专业性。这也是社会工作者履行伦理与法律责任的表现。

记录的伦理责任应在伦理守则中做出明确规定，具体要求如下：

第一，记录的内容正确，能将服务内容与进度真实反映出来。

第二，记录的内容充分、具有时效性，能确保服务的连续性，避免服务中断。

第三，记录档案应对服务对象的隐私予以保护，只对有关服务的重要信息进行记录。

第四，服务结束后，将完整的记录保存好，以便以后查阅。

六、评估中的伦理责任

社会工作者在提供专业服务的过程中，要对关于求助者所求助事件的相关资料进行广泛收集与细致研究，并要求求助者积极配合与参与，在分析研究的基础上给出专业判断，帮助求助者解决困扰。社会工作者只有在深入调查与研究的基础上进行评估，所得出来的评估报告、评估结论及给出的建议等才更有说服力。

在评估环节，社会工作者应谨慎一些，对相关权利和责任都要留意或侧重注意某方面的权利或责任。如果社会工作者是在临床精神健康领域开展工作与服务，那么必须注意服务行为的恰当性，不能流露出任何带有歧视的迹象，要进行专业的心理诊断，并将诊断的意义解释给服务对象听。对于当前诊断体系的优劣及其产生的影响与作用，社会工作者应有充分的认识。社会工作者如果要着手进行心理测评的工作，那么必须对自己的资格、训练经历和专业技能进行审视，确保自己有能力完成好这项工作，在测评时对受测者的社会与文化背景要予以考虑。关于心理测评结果是否有效的问题，社会工作者应有能力进行判断。社会服务机构不应该安排专业能力达不到要求的工作者对服务对象进行测验，也不应该将过期的测验结果或他人的测验结果用在服务对象身上。服务对象有知道自己测验结果的权利。

现在，我国的社会工作协会尚缺乏评估方面的规范体系，因此可参照其他国家相对成熟的评估体系，如参照美国心理学会守则的相关规定进行临床服务，特别是心理测评服务。

第三节　伦理守则的制定与执行

一、社会工作伦理守则的制定

（一）社会工作伦理守则的概念

社会工作伦理守则是对社会工作机构及社会工作人员从事专业工作给予正确指引的道德法则，是对社会工作机构及工作人员的行为进行规范与约束的道德工具。

（二）社会工作伦理守则的作用

1. 维护案主权益

①伦理守则是为增强社会工作专业服务的适当性而制定的一系列准则，能够明确约束与规范社会工作机构与工作者的行为，使其恪守工作准则，遵守基本的道德原则。

②伦理守则为社会工作机构及工作者的专业服务提供具体指南。案主可以对社会工作机构提出合理要求，并产生相应期待。

③案主质疑社会工作者的专业服务水平时，可根据伦理守则来进行客观评判。

④伦理守则为社会工作者的正确抉择提供指引，使案主的权益得到有力保障。

2. 保障社会工作机构及社会工作者的权益

社会工作伦理守则不仅对社会工作机构及工作者的专业服务进行约束与规范，也维护他们的利益，对其规避风险、减少损失有重要意义。

①社会工作伦理守则为社会工作专业服务行为提供合理的标准，使社会工作服务行为得到案主的认可，以免因专业过失而损害到机构的利益。

②对于案主提出的一些不合理或过分要求，社会工作者可以根据伦理守则予以拒绝；即使被投诉也可以申诉，对自己的合法权益进行维护。

3. 使社会工作发展成熟

随着社会环境的变化和社会问题的复杂化，社会工作实践涉及越来越大的范围，工作的难度也在增加。这就需要不断修改与完善社会工作伦理守则，为社会工作的科学化和专业化发展提供一定的保障，预防伦理问题的发生。

　　逐步完善的社会工作伦理守则使社会工作发展中的基本问题，如核心价值、专业使命、工作原则等达成共识，并以一种比较稳定的形式确定下来。这样一来，社会工作的专业地位、专业权威及专业水平都会得到一定的发展。

（三）社会工作伦理守则的制定程序

　　大多数国家都由社会工作专业协会对本国的社会工作伦理守则进行制定，由社会工作注册部门或社会福利主管机构制定社会工作伦理守则的现象发生在少数国家和地区。社会工作伦理守则的制定包括以下几个程序：

　　第一，成立制定伦理守则的专门委员会，委员会成员在共同讨论的基础上拟定初步草案，收集意见并不断修改，再经过多次讨论与修改而形成草案。

　　第二，伦理守则的草案具有约束力，并在社会工作专业协会备案。专门委员会向社会工作专业协会会员及其他社会相关人士颁布草案，草案进入试行阶段。

　　第三，草案试行一段时间后，专门委员会根据有关人士的反馈来修改草案。然后召开代表大会进行审议，得到一致认可后，方可成为真正意义上的社会工作伦理守则。

　　第四，随着社会工作实践的不断发展，伦理守则的不适应性与缺陷就会表现出来，此时修订委员会根据社会工作的实际需要而修改伦理守则。

　　总之，伦理守则的形成是经过漫长探索与反复修订的结果。这是一个动态的过程，而且在今后仍会随着社会环境的变化而不断被修订，越来越完善。

二、社会工作伦理守则执行力评估

　　社会工作伦理守则对社会工作发展具有重要指引作用。正如每个致力于取得独特地位的专业都尝试发展出专业伦理守则，社会工作走过百年发展历程，社会工作伦理体系也逐渐清晰。在弗莱克斯纳质疑社会工作不是一个专业后不久，里士满等人着手为个案社会工作者制定的伦理守则试行草案于1920年面世。1960年，美国社会工作者协会代表大会通过了较早版本的伦理守则。至今，不同国家和地区的社会工作伦理守则经过修订已日益丰富，从国际视野探讨社会工作伦理守则问题具备了一定基础。

　　有研究者制订了社会工作伦理守则执行力评估真值表，在建构真值表（表3-3-1）、选定取值时采用定性比较分析方法，形成了清晰集与模糊集两类方法。清晰集变量取值为1或0，分别表示某个条件的发生或不发生；模糊集则运用0～1之间的连续值来表示个案的不同属性。

伦理守则文本内容关注守则本身的详尽程度，可将篇幅字数、细节表述作为评估标准，如果内容详尽、具备可操作性则记为 1，反之为 0。需要注意的是在一些国家和地区，例如，中国香港地区，与社会工作伦理守则配套发布的还有实务指引；后者更加聚焦操作层面的伦理实践，可以与伦理守则看作一体，赋值记为 1。

执行主体关注伦理守则的监管机构与制裁问责措施，如果有专门配套的伦理投诉处置措施、组织机构则记为 1，反之为 0。

适用群体关注伦理守则的规范对象，如果明确提出了一个及以上的社会工作机构等则记为 1，反之为 0。

执行环境范围较广，主要考量的是伦理守则在当地执行可能面临的情况，这离不开国家（地区）与社会对社会工作专业的支持程度以及社会工作整体发展状况。如果同时期当地有相关的扶持政策、社会工作发展顺利则记为 1，反之为 0。

结果变量则指伦理守则的执行力，沿用韦尔伯恩等人的研究以及相关国家和地区文献中的评价，如果一个及以上的评价取向是顺利有效的则记为 1，反之为 0。

表 3-3-1　社会工作伦理守则执行力评估真值表

序号	国家 / 地区	文本内容	执行主体	适用群体	执行环境	执行力
1	智利	0	0	1	0	0
2	中国	0	0	1	1	0
3	中国香港地区	1	1	1	1	1
4	中国台湾地区	0	1	1	1	1
5	德国	1	1	1	1	1
6	匈牙利	0	1	1	0	0
7	墨西哥	0	0	1	0	0
8	南非	1	1	1	0	1
9	西班牙	0	1	1	1	1
10	瑞典	1	0	1	0	0
11	英国	0	1	1	0	1
12	美国	1	1	1	1	1

国际比较的分析结果反映了不同国家和地区社会工作专业整体与伦理价值发展的不同特征。从定性比较分析结果可以看出，影响社会工作伦理守则执行力的因素有文本内容、执行主体、执行环境三个核心条件，即守则文本内容是否详细

且具备可操作性、是否有专门配套的伦理投诉处置措施与组织机构、社会工作专业是否得到国家大力扶持并呈现积极发展态势。在这些核心条件因素中，文本内容－执行主体、执行主体－执行环境两条组合路径更为重要，尤其是执行主体－执行环境的组合覆盖率更高。至于是否有清晰的适用群体在整个分析中处于边缘位置，对社会工作伦理守则执行力的影响较小。

中国社会工作伦理的本土化发展，不是要完全忽视国际潮流，也不是通过比较全盘照搬西方经验，而是要在全球社会工作伦理共同架构下兼顾中国社会工作伦理的诸多本土特征，如前述讨论部分涉及的相关要点。未来中国社会工作伦理守则发展与制度体系建设可围绕执行环境、执行主体、文本内容等维度。一些可能的方向有：进一步结合本土情境反思讨论社会工作核心价值基础、伦理困境与专业功能定位等议题；推动从区域性到全国性的伦理守则文本完善；明确伦理处置实践的执行主体、适用群体、处置程序；加强伦理委员会等具有研究或实践性质的专门执行主体建设；加强社会工作伦理价值教育与培训督导；推进落实社会工作相关立法等。

第四章　社会工作者

本章主要对社会工作者进行阐述，依次介绍了社会工作者的内涵与特征、社会工作者的角色、社会工作者的素质及其职业水平评价、社会工作者队伍建设四个方面的内容。期望通过本章的讲述，使大家能够加深对相关知识的了解。

第一节　社会工作者的内涵与特征

一、社会工作者的内涵

（一）社会工作者的含义与分类

社会工作者是指遵循助人自助的价值理念，综合运用社会工作专业知识和方法，为有需要的个人、机构、家庭、社区提供专业社会服务，以帮助其发挥自身潜能、协调社会关系、解决和预防社会问题、促进社会公正为主要职业活动的专业人员。它与人们所说的本职工作之外的福利性、公益性和非专业性助人活动有本质不同。

社会工作者可分为以下几类人员：

①义务工作者，简称"义工"，也称"志愿者"，是指基于社会责任及义务，自愿贡献自己的时间、精力、技能，为促进社会的改善和发展无偿参与社会服务的人员。

②社区专职工作者，是指专门从事社区居委会工作的主任、副主任和委员。社区专职工作者由通过社会公开招聘的人员和社区居民中的离退休人员组成。

③心理咨询师，是指运用心理学以及相关学科的专业知识，遵循心理学原则，通过心理咨询的技术与方法帮助求助者解除心理问题的专业人员。

（二）社会工作者的岗位

按服务人群的种类或场所划分，可以分为青少年社会工作、儿童社会工作、妇女社会工作、老年人社会工作、残疾人社会工作、家庭社会工作、学校社会工作、企业社会工作、医疗社会工作、司法社会工作、军队社会工作、城市社会工作、农村社会工作、社区社会工作、移民社会工作、灾民社会工作、危机干预等。

在我国，社会工作涉及的部门包括政府职能部门、群团组织和社会团体。其中政府职能部门有民政、劳动和社会保障、教育、卫生、司法、公安等部门；群团组织有共青团、妇联、工会、残疾人联合会、红十字会、关心下一代工作委员会等。

社会工作主要存在于社会服务领域，一方面是为困难群众提供社会服务，服务对象有儿童、青少年、妇女、老年人、残疾人、贫困者、失业者。另一方面是在一些特定机构中开展的社会服务，如在大、中小学开展学校社会工作，促进学生身心健康发展；在医院和社区卫生机构开展医疗社会工作，调节医患关系，解决影响健康的心理和社会问题；在监狱和社区开展矫正社会工作，帮助犯罪人员回归主流社会；依托社区或非营利机构开展家庭社会工作，促进家庭和谐；在企业中开展企业社会工作，保护职工权益、协调劳资关系、缓解职业压力、促进员工职业生涯发展等。

社会工作者的工作岗位分成四类：一是公务员岗位系统，主要是指民政、劳动和社会保障、教育、卫生、司法、公安等职能部门中从事社会政策制定、执行等有关工作的岗位；二是社会保障或社会福利类事业单位相关岗位，包括老年人社会福利院、残疾人社会福利院、儿童社会福利院、精神病人福利院、敬老院、救助管理站、流浪未成年人救助保护中心、收养服务机构、社区服务中心、荣誉军人康复医院、复员军人慢性病疗养院、复退军人精神病院、光荣院、军休所等机构开展社会服务的岗位；三是与社会保障或社会福利相关的群团组织和相关民间组织的相关岗位，包括为儿童、青少年、妇女、老人、残疾人等特殊困难群体提供专业社会服务的岗位；四是社区居委会的工作岗位，部分接受大专层次社会工作专业教育的社会工作者，也可通过"选聘结合"的方式进入社区居委会，成为专职社区工作者，从事调动社区资源、服务人民群众、解决社区问题、推动社区发展的工作。另外，社会工作者也可以经政府批准建立独立的民间社会服务机构，从事社会服务工作。

二、社会工作者的特征

（一）遵守社会工作的价值准则

社会工作是一个以价值为本的职业，价值是社会工作的灵魂，要成为社会工作者，首先必须遵守社会工作的价值准则。因此，有人把社会工作者描述成"价值注满的个人"。

（二）掌握社会工作的专业方法

社会工作又是一个有专业的知识、技能和方法的职业。社会工作者综合运用专业知识、技能和方法，帮助有需要的个人、家庭、群体、组织和社区，整合社会资源，协调社会关系，预防和解决社会问题，恢复和发展社会功能，促进社会和谐。社会工作者既是直接服务的提供者，也可以是直接服务的督导者，又可以是社会服务机构的管理者，还应该是社会政策的影响者和制定者，更应该是社会工作的研究者。

第二节　社会工作者的角色

社会工作的开展离不开社会工作者，社会工作者在社会工作开展过程中扮演着重要的角色，是社会工作的重要组织者、管理者、沟通者、协调者及实施者。社会工作的专业化要求社会工作者必须具备丰富的理论知识与实践经验，如此才能更好地发现问题、解决问题，促进社会工作的顺利开展和助人效果的最优化。本节主要就社会工作者的工作角色与职业素养要求进行深入分析，以为社会工作者不断强化自我学习、提高工作能力提供理论指导。

一、社会工作者的基本角色

社会工作者致力于解决各种社会问题，接触不同的社会成员，在不同的社会问题事件中根据需要扮演不同的角色，推动和促进社会工作的开展，为社会问题的解决提供便利。社会工作者是社会政策的具体实施者。因为社会工作者的工作方法、服务对象和服务内容的多元化，社会工作者在不同的情况下扮演着不同的角色。可以将社会工作者的角色归纳为以下三类。

①直接服务的角色。包括治疗者、沟通者、支持者、指导者等。

②间接服务的角色。包括行政者、研究者、咨询者、政策影响者等。

③复合服务的角色。包括谈判者、管理者、经纪人、协调者、教育者、发言人等。

（一）支持者

"授人以鱼不如授人以渔。"当前，社会工作的开展秉持的一个重要工作理念就是"助人自助"。在社会工作开展过程中，社会工作者不仅要助人，更重要的是通过对多样化服务内容的提供，帮助受助对象走出困境，并能实现自我救助；在帮扶服务对象的过程中贯穿"自强自立、克服困难、自我决策"精神，成为服务对象积极行动的支持者。

社会工作者应该充分认识到，要从根本上帮助受助对象走出困境，只简单地提供直接的帮助是不够的，也容易导致一些受助对象养成一味索取、不思进取的习惯。社会工作者应在充分分析和了解服务对象的前提下，不断提高服务对象解决问题的能动性和主动性，帮助受助对象树立面对困难的自信心，鼓励受助对象在解决自身困难方面做出正确决策并促进行动的实施。

（二）倡导者

社会工作者为受助对象提供帮助，帮助受助对象走出困境。但当服务对象对新的行动不了解时，社会工作者应帮助受助对象认真分析、科学决策，作为新的行为的倡导者来帮助受助对象分析行动的可行性、合理性、可操作性。

社会工作者在为服务对象提供帮助和服务时，对受助对象的行为的引导，是在服务对象理解、领悟的基础上，在其可接受的范围内，在推进服务的过程中进行引导的。这种引导是循循善诱的，不是强制性的，不能代替决策和实施。

需要特别指出的是，一些社会工作者在工作开展过程中，会对所有的事情"大包大揽"，容易替服务对象做决策，犯越俎代庖的错误。

（三）管理者

社会工作涉及的社会问题是非常复杂的。在社会工作的开展过程中，各种活动并不能一帆风顺地开展，工作过程中可能会遇到各种各样的问题和突发事件，社会工作者应对服务过程进行有效的管理与控制。

具体来说，社会工作者的管理者角色要求社会工作者在工作中注意以下几点：

①科学设计助人过程。社会工作者应熟悉从接案、预估、计划、介入、评估到结案的实务过程，合理安排整个助人活动。

②社会工作者应该充分调动各种资源，合理调节与受助对象的关系，正确引导其思想与行为，促进服务工作的顺利进行。

③对服务的过程进行评估，全面总结实务过程，为日后更好地开展社会工作提供参考。

正是由于社会工作者在工作中扮演着管理者的角色，因此，社会工作者要具备一定的管理能力。

（四）服务提供者

社会工作的主要活动内容就是助人活动。因此，社会工作者在工作过程中扮演的是提供帮助服务的角色。

具体来说，在社会工作的开展过程中，社会工作者为受助对象提供直接或间接的帮助服务，这种服务包括以下三种类型：

①物质上的服务，直接改善受助对象的生活状况。

②精神上的服务，给予服务对象精神上的慰藉。

③心理上的服务，给予服务对象心理上的疏导。

在社会工作中，社会工作者所提供的服务并非简单地给予或接受，而是在充分了解服务对象需求前提下开展的有计划、有步骤、有目的的专业活动。

社会工作的服务形式可以是社会工作者个人直接提供，或是通过他人、相关社会组织、政府协同提供，服务形式多样。

（五）资源争取者

社会问题产生的原因很多，其中一个非常重要的原因就是资源匮乏。资源匮乏会导致一部分弱势群体无法正常生活与工作，或者在资源分配上遭遇不公平对待。

社会工作者对受助对象进行帮助，应全面深入了解受助对象所处的境况，了解服务对象本人的资源；并针对受助对象的实际情况，结合具体的政策与措施，为受助对象争取更多资源。

在帮助受助对象解决困难和问题的过程中，社会工作者并不占有资源，需要联系政府有关部门、福利机构、志愿组织等，争取服务对象所需要的资源，如政策、物品和劳务服务等。资源争取者是社会工作者扮演的一个重要角色。

（六）政策影响者

社会政策指解决社会问题、保证社会安全、改善社会环境、增进社会福利的一系列政策、行动准则和规定的总和。社会工作者在解决社会问题的过程中经常发现相关政策较少，这是一些社会问题产生的重要原因。"政策缺少"有时是因为政府政策有盲区，但更多时候是受助对象对一些政策不了解或存在误解。

如果社会工作者发现某些社会问题具有普遍性，可以向有关部门提出建议，促使其修订和完善政策，预防和避免此类社会问题的再次发生。如果社会工作者发现服务对象常常因为不了解政策而陷入困境，就需要对相关社会政策进行解析、传达。无论是哪种情况，政策为社会工作的开展提供了重要支持。社会工作者扮演着政策影响者的角色，可促进政策的制定、完善、落实。

二、社会工作者的角色素养要求

（一）积极的职业认同感

职业认同感是一个心理学概念，是指个体对于所从事职业的目标、社会价值及其他因素的看法与社会对该职业的评价及期望一致，即个人对他人或群体的有关职业的看法、认识完全赞同或认可。

社会工作者的职责是帮助那些在社会生活中遇到困难和问题的人，从事这一工作需要社会工作者具有爱人之心。社会工作是非营利性的职业，其核心是助人和服务，需要社会工作者甘于奉献和付出。

社会工作者只有充分认识到自己所从事职业的重要社会价值，产生职业认同感、自豪感，才能全身心地投入社会工作中去。

（二）无条件的尊重

无条件的尊重是社会工作的重要基础。社会工作者要对服务对象负责，要与接受帮助的服务对象进行沟通与合作，应学会接受和尊重服务对象的现状以及他们的价值观、人格、利益。如此才能更深入地了解服务对象，也才能使得服务对象感受到自己被接纳、被关注、被尊重，这有助于后续进一步沟通与协调。

在实际工作中，社会工作者必须完全地接纳一个人，既包括优点，也包括缺点，以礼待人，彼此人格平等。要以真诚为基础，保护服务对象的隐私。

（三）良好的心理素养

社会问题是复杂的，问题各式各样，既有精神方面的问题，也有物质方面的要求。社会工作中遇到的服务对象也是各种特殊的个体，面对特殊的服务对象，尤其是心理上有问题、障碍的人，在社会工作过程中可能会遇到各种各样的困难。社会工作者需要有良好的心理素养，如忍辱负重、宽容大度、从容不迫、积极向上、坚持不懈，如此才能克服各种困难，实现与受助对象的良好沟通，并共同解决受助对象的困难，帮助受助对象走出困境。心理素质其实跟工作环境有关，多数社会工作者基本上是与正常无重大变故的人群打交道，有基本的面对困难而处事不惊的心态即可。但是如果是做戒毒工作、社区矫正工作，因为面对的人群具有危险性，对社会工作者来说也是一种挑战，自然需要有超强的忍耐力和自我治疗能力。除了具备基本的心理素质外，还需要有比较强的洞察力、思考能力、辨别以及危机干预的能力。总之，面对特殊案主需要极其强大的心理素质。

（四）助人自助的理念

"助人自助"是社会工作者非常重要的价值理念之一。社会工作者从事各种社会工作实践活动，根本目的是帮助受助对象摆脱困境、提高生活质量。而社会工作者必须认识到的是"授人以鱼不如授人以渔"，要真正帮助受助对象彻底走出困境，就必须提高受助对象自己应对困难、走出困境的能力，增强其社会性功能。对受助对象提供帮助，直接性的物质帮助并非最佳方法，应在助人方面充分认识到以下两点：

一方面，提供必要的物质帮助，暂时缓解受助对象的困境。这一方法简单有效，但并不长久，不宜反复多次使用。

另一方面，帮助受助对象树立自信，促进受助对象自我发现、开发潜能，从而促进受助对象的自我成长。这是社会工作的根本和最高目标。

在具体的社会工作开展过程中，社会工作者要坚持积极的人生观，善于发现受助对象身上的优点，承认受助对象是可以改变的。通过与受助对象进行有效沟通，与受助对象通力合作，通过个人努力、外界的帮助，每个人都可以比现在生活得更好。助人自助是一种理念，也是一种方法，对那些自卑感强的受助对象尤其有效，能帮助他们真正认识自己和周围环境，认识到自己的优点并看到未来的希望。

（五）真诚的合作态度

要更好地了解与解决社会问题，社会工作者应始终保持真诚合作的态度，这是社会工作者从事社会工作的重要职业道德要求。

现阶段，社会工作已经远远超出了传统的救贫济弱的活动范围，社会工作者的服务对象是社会上所有的人。因此，面对繁杂的社会问题和各种各样的人群，社会工作者的工作任务也是艰巨复杂的。在这样的社会环境下，要处理好各种社会问题，需要社会工作者与受助对象保持良好的合作关系，还应与社会上其他个人、群体、组织保持良好的合作关系。如此才能更加积极主动地去协调各种资源、利益之间的关系，以便于更好地去解决各种问题。

在这里还必须提出的是，社会工作者还应与周围环境保持良好的关系，调节人与自然、人与人之间的关系，不断提高人们的生活质量。

（六）熟练的心理工作技能

现代社会工作领域多、范围广、服务人群丰富，在工作过程中有个案社会工作、小组社会工作、社区社会工作等多种工作形式与方法。但是无论哪种工作，从本质上来说都是人与人之间的接触与交流，这种人际交往与交流需要社会工作者掌握一定的心理学知识与技能，才能实现与受助对象的良好沟通，真正明白受助对象心中所想、心中所愿，如此才能更好地解决各类社会问题。

第三节　社会工作者的素质及其职业水平评价

一、社会工作者的素质要求

（一）社会工作者的政治素质要求

社会工作者服务于全体人民群众，应具备良好的政治素质。具体来说，一名合格的社会工作者应具备以下政治素质：

①良好的政治修养。

②良好的思想道德素质。

③遵纪守法，爱岗敬业。

④参与民主管理。

⑤具有良好的文明行为、习惯。

⑥工作积极，严格律己。

（二）社会工作者的知识素质要求

良好的知识素养是社会工作者最基本的素养。社会工作者需要具备的知识素养主要包括基础知识和专业知识，前者包括人文科学的知识、特定主题的知识以及特定人群的知识；后者包括专业理论知识以及专业技能知识。

1. 基础知识

无论从事何种专业的工作，一名优秀的专业人员都应具备一定的知识，基本知识的学习能为其专业知识和技能的学习奠定良好的基础。如果没有一定的基础知识储备，则专业学习就会成为"无源之水，无本之木"。

具体来说，社会工作者掌握基础知识能为其接触社会各类人群提供沟通和帮扶资本。

首先，社会工作者接触的受助对象背景复杂，他们的职业、生活方式、习惯爱好、受教育程度各不相同。社会工作者只有对各行各业都"略懂"，才能与不同的案主进行有效的沟通与交流。

其次，社会工作形式多样、内容复杂，社会工作者应具备多学科、多领域的知识，如此才能提高自身对社会中各种新情况、新问题的适应能力。

2. 专业知识

社会工作专业性很强，作为一名社会工作者需要系统学习专业知识，从而更好地解决求助者复杂多变的问题。随着社会工作专业性的增强，当代的社会工作与早期基于同情、仁爱等情感道德的救济活动有本质的区别，需要社会工作者从更专业的角度、以更专业的知识与技能去解决实实在在的社会问题。另外，社会工作者要具有较高的调查研究能力，这样才能有助于社会工作者深入了解服务对象的困难与问题，提出对策和方法；同时，有助于社会工作者总结出对于社会问题和社会工作的看法和观点，为相关部门制定有关解决社会问题、推动社会工作的政策法规提供参考和依据。

社会工作涉及领域众多、各种社会问题纷繁复杂，社会工作者掌握专业的社会工作知识有助于更好地开展专业性的工作。

（三）社会工作者的能力素质要求

社会工作是一项务实的专业，其核心是帮助案主摆脱困境、解决问题。在这个过程中，社会工作者的能力很重要，否则无法胜任工作。具体来说，社会工作者应具备以下能力素质。

1. 社交能力

社会交往简单地说是社会中人与人的往来与接触，是人们为了实现自己的目标而进行的相互影响的社会活动方式。人的本质在于人所具有的社会属性。人若想使自己的社会需求得到满足，就必须进行有效的社会交往。社会工作是以人和社会为主要内容的专业，社会交往对社会工作者来说尤为重要。高效的社会交往是完成日益艰巨复杂的社会工作任务的保障，这就要求社会工作者具备良好、专业的社会交往能力。

社会工作在近百年的专业化发展过程中，其工作对象发生了重大的变化。最初的社会工作对象是处于社会底层、基本生存出现困难的群体，现代的社会工作对象逐渐扩展到广泛的有着不同需求的社会大众，受助对象来自社会的各个阶层、各种行业。与不同职业群体、不同社会阶层、不同年龄阶段、不同文化背景、不同生活方式的案主都能够进行有效的沟通，是社会工作者必备的素质。例如，与不同的受助对象的交往中，社会工作者如何从其讲述的内容、言谈的方式及用口头语言和肢体语言传达的信息来准确把握案主叙述的内涵；如何与案主之间进行态度与情感的互动，建立更有利于工作开展的合作关系等，都是对社会工作者具备的社交能力的具体要求。

社会工作者所面对的不仅是需要帮助的人和群体，同时还需与帮助和服务的人与机构、团体交往。这些个人与群体是社会资源的占有者，可能是具有相当物质财富的捐赠人，或者是提供服务的各种社会机构，也可能为制定和执行社会政策的政府工作人员。因此，高效的社会交往是完成日益艰巨复杂的社会工作任务的保障。

首先，在社会工作的专业化发展过程中，其工作对象从最初的处于社会底层、基本生存出现困难的群体，扩展到广大社会大众。社会工作的受助对象来自社会的各阶层、各行业、各年龄段，他们的性别、年龄、性格、素养、受教育程度、眼界、价值观等各不相同。社会工作者要与形形色色的人打交道，要与案主进行态度与情感的互动，用口头语言和肢体语言传达和捕捉有效信息，要建立更有利于工作开展的合作关系，就必须具备良好的社交能力。

其次，社会工作者面对的受助对象和资源调度对象可能是个体，也可能是群体、组织。在与个人、群体、机构、小组的交往过程中，面对资源占有者、捐赠人、提供服务的各种社会机构、政府工作人员，社会工作者应是多面手，能合理、得体、恰当地处理与各主体的关系，以促进社会工作的顺利开展。

2. 适应能力

随着社会工作的服务范围从基本的生活领域拓展至更广阔的生活空间，工作内容的多样性已成为社会工作者不同于其他职业的特点之一。从对受助对象单纯地救助到谋求他们的发展，从个案工作到社区工作，社会工作者要在不同的时空里处理个人、群体、社区遇到的不同社会问题。其服务对象与工作情况不像一般政府工作一样是固定不变的，而是存在着巨大差异。另外，就是与同一工作对象交往，随着工作的进展其态度、行为也可能发生变化。这些都要求社会工作者审时度势、随机应变，根据不同的工作情境与工作对象选择正确合理的工作方法，制订科学的、具有可行性的活动计划与方案，做出适当的反应以达到工作的最佳效果。

3. 组织能力

社会工作中面对的受助对象类型不同，对社会工作者组织能力的要求也不同，具体分析如下。

（1）小组社会工作组织能力要求

小组社会工作中，小组成员的目标不一定与小组目标相符。因此，社会工作者要结合成员各自的利益拟订工作计划，充分发挥自己的组织能力，组织能被大多数成员接受的活动。小组社会工作组织要求如下：

①确定小组工作的中心人物，发挥中心人物的带头和影响作用，应使对象群体对社会工作者保持充足的信心。

②处理各种工作时既要突出重点，又要照顾小组每一个成员，争取关注每一个小组成员，并得到所有成员的支持，使他们能主动认识现状、改善现状、积极解决问题。

（2）社区社会工作组织能力要求

20世纪80年代，英国学者托马斯提出社会工作者从事社区工作有两大目标：一是资源调配，二是发动居民。建立社区工作机构，负责社区工作的组织、管理、协调，可扩大社会工作的影响，促进社会工作的开展。在社区资源与居民调动过程中，社会工作者需要做好社区资源组织协调与居民关系组织协调等工作。

就我国社区目前的发展状况来看，开展社区工作应注重社区硬件设施配备。

同时要重视创建社区文化，增强居民归属感，促进社区居民互助服务工作的开展，提高社区凝聚力，促使他们主动改善自己和周围居民的生活质量与水平。

（3）社会工作行政组织能力要求

社会行政是一项筹措与安置社会资源，设计、协调组织结构，以及指导机构职员的工作并发挥最高效用的工作。社会工作者如何设置、调整有关的服务机构，对其进行相应的管理；如何对工作人员、物资等做出合理的安排和有效的利用；如何具体落实、实现决策和计划，确保其有效地运行；如何提高社会工作机构的服务质量和工作效率，在进行这一系列的社会行政工作时，社会工作者的组织能力同样起着关键作用。在统筹安排各项活动和协调关系、避免冲突的过程中，社会工作者应有意识地全面考虑，保证组织发挥其最大化的作用，在实践中逐渐培养、提高自己的组织能力；尽己所能，营造和谐向上的团队氛围，使社会工作者认同组织目标，更加积极主动地开展工作。

4. 管理能力

良好的管理能力有助于社会工作者科学、有序地把握工作过程，顺利组织和实施各项活动。同时，还有助于与受助对象（个体、群体、组织）和其他需要进行沟通与协调的对象（个体、群体、组织）建立良好的关系。

5. 评估与策划能力

现阶段，社会工作者面临的各种问题十分复杂和多样。面对不同受助对象的各种各样的问题，社会工作者必须做好充分的准备工作，提前收集好各种资料，以了解问题、了解受助对象的情况；并根据受助对象的问题诱因、拥有资源状况、愿望与目标，结合现有条件、环境、资源进行科学评估与策划，与受助对象一起有效地处理和解决问题。

6. 资源协调与整合能力

社会工作者在服务过程中经常要扮演资源整合者的角色。社会工作者在提供服务的过程中必须具备资源整合能力，通过与外界的沟通合作，将各类资源有机整合起来以帮助受助对象，通过获取、优化配置各类社会资源，促进受助对象社会问题的解决。资源协调与整合能力是社会工作者的重要专业服务能力之一。

7. 创新能力

创新是社会工作者应具备的重要工作能力之一，有助于完善社会工作过程、社会工作方法，有利于取得良好的社会工作效果，可以促进社会工作中各种资源的优化利用，提高工作效率。

8. 公关能力

社会工作者的公关能力是社会工作者与受助对象、与整个社会建立良好关系的重要工作能力。

首先，在我国，社会工作是一个较年轻的专业，很多人依然错误地认为社会工作只是针对"老幼病残"特殊人群开展的一项"帮扶"工作。在社会工作不断普及与推广的过程中，社会工作者需要向社会公众、社会小组、有关政府部门及其他专业介绍和提供社会工作资料。

其次，社会工作的顺利开展需要获得广大群众在物质上和精神上的支持。搞好社会工作的公关关系，能引导与帮助广大群众更好地认同、理解、接纳社会工作，并积极配合社会工作者的工作，这对于社会工作者顺利开展工作具有良好的支持作用。

9. 发展能力

现代社会，任何一种工作都要求从业者具备一定的自我学习与发展能力，如此才能更好地适应职业发展要求，促进自我与社会的接轨。社会工作也不例外。发展能力是社会工作者的工作专业能力，也是社会工作者持续实现自我价值的重要能力。

首先，社会工作者需要直面各种新情况、新问题，这就需要社会工作者更重视自身的职业发展，如此才能胜任社会工作，不被时代所抛弃。

其次，社会工作者和其他职业一样也面临着激烈的竞争。社会工作者不能故步自封、停滞不前，必须不断学习、进步与提高，不断促进自我工作能力和专业素质的提高，只有这样才能不断促进自身发展，才能取得良好的工作效果。

（四）社会工作者的身心素质要求

1. 身体素质

良好的身体素质是个体从事任何一种工作的基本要求。社会工作的开展也不例外。当前，社会工作者每天要与各种各样的人打交道，需要在各个个体、群体、组织之间进行沟通、协调。很多社会工作者，尤其是驻扎在社区一线的工作人员，工作时间不确定、工作任务多样复杂，每天都要面对很多人、很多事，如果没有良好的身体素质则很难有足够的精力去完成工作。

2. 心理素质

社会工作者应具有良好的心理素质，除了需要克服自身的心理压力外，更要求社会工作者以健康的心态、良好的面貌面对和感染服务对象，以促进其走出困境。健康的心态和良好的心理调控能力是从事某项工作的前提条件之一，社会工作对从业者的心理素质有较高的要求。

首先，社会工作者具备良好的心理素质，能接受、排解工作压力，保持自我健康。社会工作者的压力是非常大的，社会工作者在工作中经常会遇到挫折、压力，尤其当受助对象是非正常人群时，工作的困难度就大大增加。社会工作者必须具有良好的心理状态和气度才能始终积极面对工作。此外，社会工作者在协调社会资源、沟通社会服务时，会与各类人群交涉，可能会被不理解甚至遭到误解，社会工作者可能在工作中面临"四处碰壁"的情况。早在 2007 年，就有《香港商报》报道，50% 的社会工作者因压力大而接受心理治疗；90% 的社会工作者表示因工作牺牲个人时间较多，正常的人际交往受影响，需要心理干预和治疗。社会工作者具备良好的心理素质有助于调节自我心理，促进自我健康心态和精神状态的保持。

其次，社会工作者的心理状态会在与受助对象接触、交流的过程中对受助对象产生一定的影响。社会工作的对象通常是非常敏感、有感情、有思想的人，社会工作者工作过程中的语言、态度、行为等会影响案主的心情甚至生命。在我国，受传统社会文化的影响，人们对接受外界的帮助存在一定的障碍，很多人遇到困难都会选择"硬扛"，或寻求亲戚、朋友帮助，对"外人"存在戒备心理。而社会工作者就是受助对象眼中的"外人"。在工作过程中，工作对象不配合的情况时有发生，这要求社会工作者必须具备良好的心理素质，能接受和承受这种不认可，并积极解决工作难题。

最后，"保证同感"是社会工作中的重要职业要求。在与案主接触的过程中，案主的不良心理或悲惨经历会对社会工作者的心理产生影响，这种工作上的"同感"使得社会工作者也会产生一定的心理情绪波动，社会工作者在控制自我情感、情绪的同时，还需要去正确安慰、科学引导受助对象的情绪和情感表达，以免消极情绪扩散和蔓延。因此，社会工作者必须具有良好的心理素质，以免在帮助受助对象的过程中给自己的心理带来一定的负面影响。

总之，社会工作者应具备的心理素质是多方面的。除了积极向上的自信心和情绪把控能力，还应具备以下心理素质能力：

①积极的心态，积极应对各种问题。

②敏锐、细致的观察力，能发现受助对象的各种表现和潜在问题。

③敏捷、缜密的思维，能观察并引导受助对象合理表达。

④坚强的意志品质，克服自己的困难并帮助受助对象克服困难。

⑤丰富的情感，以自己乐观的情绪来感染受助对象。

⑥良好的自控能力，善于控制自己的情绪，尊重、关心受助对象。

（五）社会工作者的道德品质要求

1. 良好的职业道德

所谓职业道德，是指与个体职业活动紧密联系的符合职业特点与要求的道德准则、道德情操与道德品质的总和。职业道德是一种社会意识，直接作用于社会行为，具有社会现实性和具体性。也有学者认为，道德范畴体现了整个社会对一定社会群体（从业者群体）的道德要求。

社会工作者的职业道德是社会工作者在社会环境影响下，在从事社会工作的具体实践过程中，通过自我体验、修炼和内化所形成的品质，是社会工作者作为专业人员应具备的独特道德品质。高尚的职业道德是从事社会工作的职业要求，也是衡量一名社会工作者是否合格的首要因素。

社会工作者以服务人民群众为工作任务与目标，因此，社会工作是一个神圣的职业。社会工作者的职业道德贯穿于其社会工作开展过程的始终，影响着受助对象的人生观、价值观、为人处世态度、自我社会适应与发展能力等。

社会工作者直接接触受助对象，并与其他社会个体、群体、组织之间有一定的生活和工作联系，无论是日常生活还是工作中，社会工作者的影响范围是非常大的。社会工作者不仅从物质上帮助受助对象克服困难，也从思想道德、价值观念、生活态度、适应与创造能力等各个方面影响和启发受助对象。社会工作者的行为示范性更强，影响更广泛和深远，因此，他们对自己的职业道德要求也更高。

一名社会工作者要想在事业上取得成功，并积极地影响受助对象，影响周围的人与关系，应具备以下基本职业道德素质：

①责任意识，热爱自己的职业，有社会责任感。

②助人意识，乐于、善于助人。

③诚信意识，以诚待人接物，促进良好工作关系的构建。

④法律意识，遵纪守法，具备政策法律意识，能依法争取资源。

⑤科学精神，掌握科学工作方法。

⑥奉献精神，愿意从事社会工作，并甘于奉献。

2. 正确的价值观

社会工作者应把利他主义价值观当作核心价值取向。在具体的社会工作中，社会工作者应具有服务意识，同时具有奉献精神，具有高度的社会责任感，不仅要从物质方面帮助受助对象，也应从情绪、情感、道德、精神等层面积极影响受助对象，改变受助对象的处境，改善其生活状况，以帮助受助对象更好地适应现代社会生活，使其能在社会生活中实现自我价值，减轻社会负担，为社会做贡献。

3. 认同并遵循伦理准则

社会工作者必须认同并遵循社会工作专业的伦理准则。这是社会工作者基本的角色要求之一，也是衡量一个社会工作者是否合格的重要因素。

一名合格的社会工作者应具备良好的社会道德意识，遵守社会公共伦理和准则，维护社会秩序，只有自身做好榜样，才能更好地影响他人。

4. 尊重与关怀受助对象

社会工作的对象大多是社会弱势群体，对于此类受助对象，社会工作者应具有同理心，应尊重、关爱受助对象。这是与受助对象进行有效沟通的重要前提和基础，也是社会工作者良好职业道德素养的重要表现。

在工作过程中，社会工作者应注重受助对象的隐私保密，这是社会工作者必须严格遵守的最基本的职业道德。在实际提供服务的过程中，对于受助对象不愿意为人所知的秘密，社会工作者应尽力保守。这种职业要求能让受助对象感受到自身被接纳、被尊重、被关怀，能让受助对象感受到自身的价值，重新树立对生活的信心。

二、建立社会工作者职业水平评价制度的必要性

（一）满足服务对象日益增长的服务需要

目前我国人均国民生产总值不断升高，经济已经进入"黄金发展期"，但同时也是"矛盾突显期"。随着经济改革的深入和社会的对外开放，各种利益冲突、各种生活需要越来越多，如何适应社会发展需要、解决矛盾，满足人们多样化的需求，是我国社会管理和公共服务部门的重要任务。建立社会工作者职业水平评价制度，让从事社会服务的工作人员通过培训和参加水平考试，掌握不同服务对象的心理，学习专业的服务理念、服务知识和服务技术，更好地为服务对象服务。

（二）社会工作者专业化、职业化建设的需要

因为我国涉及社会服务的部门比较多，主要有民政、卫生、教育、司法、劳动和社会保障等部门，以及工会、共青团、妇联、残联等组织，各自都建立了大量社会服务机构，加之近年来出现的许多民办社会服务机构，不论国有还是民办

社会服务机构，都有相当数量的实际社会工作者。以民政部门为例，多年来，各级民政部门建立了大量老年人社会福利院、残疾人社会福利院、儿童社会福利院、精神病人福利院、敬老院、救助管理站、流浪未成年人救助保护中心、收养服务机构、社区服务中心、荣誉军人康复医院、复员军人慢性病疗养院、复退军人精神病院、光荣院、军休所等社会服务机构。但是，多年来，社会工作者面临的最大问题是其专业价值既没有被本人承认，更没有被社会承认，当然也就很难有专业地位和相应的经济待遇。建立社会工作者职业水平评价制度，就是要通过考试的形式给这些实际从事社会工作的人以专业地位，解决他们的专业归属和职业发展问题。

（三）解决社会工作专业大学毕业生就业问题的需要

目前我国已有 300 多所大学设立了社会工作专业，但是由于社会工作在我国还不是一个专门的职业，还没有设立专业的"门槛"和专职岗位，所以即使是社会工作专业大学生到社会服务机构，也无法把他们作为专业技术人员使用。更何况由于社会工作不是一门专业技术，从事社会工作的人的职业地位和经济待遇都不理想，所以实际上也很少有专业大学生到社会服务机构就职。而在社会工作发达的国家和地区，社会工作已经是一个很规范和被社会认可的专门职业，从事社会工作的人非常多。由此可见，建立社会工作者职业水平评价制度并在此基础上开发专职社会工作岗位十分重要。

第四节　社会工作者队伍建设

从 2006 年党的十六届六中全会首次提出"建设宏大的社会工作人才队伍"，到《国家中长期人才发展规划纲要（2010—2020 年）》《关于加强社会工作专业岗位开发与人才激励保障的意见》（民发〔2016〕186 号）等相关文件政策的出台，都明确指出要加强社会工作人才队伍建设，合理开发社会工作专业岗位，大力培养社会工作专业人才。新时代，社会工作专业人才介入乡村振兴、脱贫攻坚、社会治理创新、社区建设、青少年事务、社会救助、特殊人群服务、救灾及老年服务等领域，帮助人民群众办实事、解难题、强信心，提升个人能力，能够更好地满足人民群众的社会服务需求。

社会工作是一门专业，截至 2019 年，"全国已有 82 所高职院校开设了社会工作专科专业，348 所高校设立社会工作本科专业，150 所高校和研究机构开展了社会工作硕士专业教育，全国范围内共有 17 个社会工作方向的博士点，每年培养社会工作专业毕业生近 4 万名"。同时，社会工作也是一门职业，"2019 年，9.3万人通过考试，全国取得社会工作者职业水平证书人数达到 53.3 万"。2020 年 2月，习近平总书记在统筹推进新冠肺炎疫情防控和经济社会发展工作部署会议上的讲话中强调："打赢疫情防控这场人民战争，必须紧紧依靠人民群众。……要发挥社会工作的专业优势，支持广大社工、义工和志愿者开展心理疏导、情绪支持、保障支持等服务。"社会工作近年来发展迅速，在 2020 年的疫情防控中也充分发挥了专业优势，已经逐渐成为服务社会的重要力量之一。国家对社会工作的日益重视为社会工作人才的培育发展提供了良好契机，也为社会工作人才融入社会服务、解决社会问题提供了良好的外部条件。

一、社会工作专业人才队伍建设的重要性

社会工作是一门综合学科，其服务理念、工作方法与技巧在社会福利、社会救助、社区建设、矫治帮扶等方面发挥着积极作用，因此建设社会工作专业人才队伍具有重要意义。

（一）有助于满足群众对美好生活的向往

随着社会工作领域的发展，社会工作在乡村振兴、社会治理、社会服务中展现出独有的专业优势。学者张俊强认为："社会工作和扶贫都致力于使全体人民在共建共享中拥有更多的获得感、幸福感、安全感，逐渐满足服务对象日益多元化的新需求，实现新时代人民所追求的幸福生活。"学者张海认为："社会工作倡导以人为本、助人自助的服务理念，并注重从人与环境的互动中分析和解决社会问题，其人本主义的治理理念，对社会治理理念的更新具有启发意义，促进了社会治理从传统型向现代型治理转变。"社会工作专业人才坚持助人自助的专业服务理念，鼓励服务对象一起朝着共同制定的服务目标努力，帮助服务对象战胜困难，走出目前的困境，并通过提升服务对象自身能力更好地解决问题。因此，要加强社会工作的宣传推广，向社会传递其助人自助的服务理念，充分发挥专业优势，让社会工作人才在新时代满足人民群众对美好生活的向往中大展身手。

（二）有助于满足困难群众的急切需求

社会工作是一门综合了社会学、心理学、公共关系学等学科知识发展起来的

专业和职业，其专业价值和社会使命非常注重"扶弱济贫"，帮助社会上的老弱病残和其他社会弱势群体，致力于帮助服务对象解决困难、走出困境。社会工作专业人才在实践服务中可以围绕地区经济发展，结合当地实际，善用多学科知识开展社会工作，为困难群众提供心理疏导、情感慰藉、资源链接等服务，进而更好地帮助有需求的群众解决问题，为促进社会的和谐稳定做出贡献。

（三）有助于完善共建共治共享的社会治理体系

个案工作、小组工作、社区工作是社会工作的三大基本工作方法，社会工作者能够运用这三大基本工作方法和社会倡导等专业服务方法，根据服务对象的需求制订切实可行的服务方案，因人施策，提供个性化服务。面对困难群众的共性问题，运用小组工作和社区工作的专业方法来解决问题，有助于实现服务对象和社会的良性互动，完善共建共治共享的社会治理体系，促进社会的稳定与发展。学者宫蒲光认为："社会工作是为有需要人群特别是困难群体提供专业服务，在实际工作中是加强和创新社会治理的基础力量与重要手段，在践行社会治理理念、落实社会治理目标、提升社会治理能力、完善社会治理体系方面具有独特作用。"新时期，人民群众对心理疏导、情绪抚慰、社会融入等更高层次的服务需求越来越多，通过社会工作专业服务方法能够做到人文关怀、个案服务和精神关爱，或组建能力提升小组、兴趣爱好小组，以及采用地区发展模式、社会策划模式、社会行动模式，不断深化社会服务内涵，提升专业服务水平，完善共建共治共享的社会治理体系。

二、社会工作专业人才队伍建设的现实困境

（一）社会工作专业毕业生流失严重

目前，社会工作专业人才流失严重。我国社会工作专业教育每年培养很多毕业生，但是实际对口从事社会工作专业相关工作的人较少。实际上，社会工作者专业人才的大量流失不仅影响大学生就业，而且影响招生、学生专业思想认同、在校学习态度、社会活动参与等诸多方面。当前，体制因素是限制社会工作发展的重要障碍，造成社会工作者社会认同率低、社工岗位非常缺乏等，阻碍了社工人才走向社工岗位。面对社会工作专业毕业环节较高的人才流失率，为社会工作人才创造良好的就业环境显得尤为重要。

（二）社会认知度不高、领导认识不足

社会认知度不高、领导认识不足是社工人才队伍建设过程中遇到的首要问题。社会民众对社会工作的认知直接影响到社工人才队伍建设和社会工作服务的开展。社会工作服务对于中西部地区的人们来说属于新生事物，大部分人没有听说过社会工作这个概念，不了解社会工作到底是什么。

（三）行业准入机制不健全

学者桂舟研究指出："社会工作者的专业化水平与职业能力要求之间存在差距，社会工作专业学历人员较少、持证的社工人员比例较低，急需通过社会工作专门学习教育和培训来提升从业人员的专业化水平，以适应社会工作相关职业能力的要求。"社会工作发展至今，虽取得了一定成效，但其社会认知度仍较低，不少人都不了解这个专业和职业，甚至有些人都不曾听说过。社会工作入职门槛较低，行业准入机制不健全，很多从业人员都没有受过系统的专业知识教育，难以灵活地将社会工作的助人理念和专业方法运用到社会工作实务中，也就难以为有需要的服务对象提供高质量的专业服务。

（四）人才保障机制不完善

社工行业人员流动大，难以留住优秀的专业人才，这与其人才保障机制不完善密切相关。社会工作者社会认同度不高、薪酬待遇低、职业晋升难等现实问题导致受过专业教育的社会工作专业人才流失率高。

三、社会工作专业人才队伍建设的路径

（一）提高社会工作专业人才队伍质量

社会工作人才的培养，基础是靠教育。完善教育体系，拓宽育才渠道，充分发挥教育培养专业社会工作人才的重要作用，努力形成良好的人才培养机制。充分利用高等院校和科研机构专业齐全、课程体系完善、师资和技术力量雄厚的优势，提高社会工作人才培养的质量和水平。根据选送院校培训的具体专业、目标和单位的实际需要，有效选择在职社会工作人员到学校接受教育。积极创新培训的方式方法，大力加强素质教育，坚持开放式育才，建立专业化社会工作人员培养协助区，形成培养社会工作人才的良好体制与机制，充分发挥教育的先锋作用。

面对社会工作专业人才"质"和"量"发展不充分的问题，需要在扩大量的基础上，更加注重质的培育和发展，致力于培养具有专业知识的社会工作人才，提高其专业能力和职业素养。一方面，鼓励乡镇、街道、社区根据本地实际情况创建特色社会工作室，充分挖掘本土社会资源，建立一支由专兼职工作人员及志愿者组成的社会工作人才队伍，鼓励支持取得社会工作职业资格证的工作人员运用社会工作的专业方法和技巧来解决社会问题；另一方面，重视社区专职工作人员的教育培训，实行岗前培训，加强社会工作职业教育，除了学习专业理论知识，还应该开设可操作性、针对性强的实务课程，切实提高社区工作人员的专业水平，提高其解决实际问题的能力。

（二）优化社会工作专业人才职业环境

社会工作从业人员流失率较高，工资待遇普遍偏低，很多社会工作专业的毕业生在就业时不会选择从事社工行业，或者从事社工行业的时间不长。

现在年轻人面临的社会压力大，在社工行业坚持做下去的专业人才较少，毕竟社工情怀不能解决社会工作者自身面临的现实问题。王玉香等人认为："社工面临较大压力，可以通过相关政策进行扶持来缓解，解决社工收入不高、生活拮据等问题，应该确立合理的专业社工薪资水平。同时通过多渠道筹集资金，保障社工工资有稳定来源，以便给社工队伍的发展提供具有激励性、开放性、延展性的舞台与空间。"例如，浙江省嘉兴市民政局与嘉兴市委人才办联合下发的《关于开展2020年"创新嘉兴·优才支持计划"社会工作拔尖人才遴选工作的通知》，广东省人力资源和社会保障厅、广东省民政厅联合印发的《广东省高级社会工作师评价实施办法》《关于加强社会工作专业岗位开发与人才激励保障的实施意见》，北京市委组织部、市委社会工委等六部门联合印发的《关于进一步规范社区工作者工资待遇的实施办法（试行）》，湖南省民政厅发布的《湖南省乡镇（街道）社工站项目服务内容参考（暂行）》等文件政策，从工资待遇、职业晋升、职称评定等方面极大地鼓舞了社会工作专业人才干事创业的热情。可以说，解决好社会工作专业人才薪资待遇和晋升渠道问题，将会进一步优化职业环境，使社会工作专业人才干得好、留得住。

（三）提升社会工作专业人才专业水平

由于我国社会工作者的职业地位和社会声望不高，与其应有的位置不相符，加之岗位规划的规范程度低，一些行政机关和事业单位提供的岗位数量非常有限，一些社会专业毕业的人才只得进入社区福利机构等工作。由于待遇偏低，其能力水平得不到发挥，价值和地位得不到认同，从事的又都是服务性工作，这就大大降低了其工作的积极性，最终造成了大批社会工作人才的流失。因此，社会主义和谐社会的构建需要规模宏大的社会工作人才队伍，急需规范的社会工作人才使用机制，使专业的社会工作人才能够从事社会工作，在此领域发挥应有的作用，推进社会工作人才队伍建设。

社会工作人才队伍建设要以人才使用为最终目的，培养的社会工作专业人才要合理使用。社会工作专业人才要将理论知识运用到实际工作中，通过理论与实践的结合实现学以致用，并提升自身专业水平。湖南省民政厅等14部门联合印发的《关于加强社会工作专业岗位开发与人才激励保障的实施意见》提出"坚持按需设岗、以岗定薪"的基本原则，并要求"在政策规定下结合实际工作需要，积极开发设置社会工作专业岗位，使人岗匹配，完善社会工作专业人才薪酬待遇与激励保障措施"。因此，加强社会工作专业人才队伍建设要重视社会工作专业岗位设置，实施岗位准入制度，上岗人员要取得社会工作者职业资格证书，实现人岗匹配、持证上岗。马绍民指出："民政事业单位可以结合社会发展和工作需求，通过增设或现有岗位转换来建立一批专职社会工作岗位，为社会工作专业人才队伍建设奠定坚实的基础。"因此，在注重培养社会工作专业人才的同时，要遵循人才使用为本的原则，加大社会工作专业人才的使用力度，拓展社会工作者服务领域，提高薪资福利待遇，鼓励更多社会工作专业人才投身基层、扎根一线。在基层社会治理的伟大实践中践行专业使命、实现社会工作者梦想，充分彰显"生命影响生命"的专业特性、专业价值，增强社会工作职业的吸引力，稳定社会工作专业人才队伍。

（四）提高社会工作专业人才能力

社会工作人才队伍建设要以人才评价为重要标尺，建立健全社会工作人才评价体系，以提高社会工作专业人才能力。谭雪洁研究指出："在落实相关政策的基础上，全面实施社会工作者职业水平评价制度，完善社会工作职业规范和从业标准、社会工作者证书登记管理办法、考核评估办法、继续教育管理办法等配套政策，建立健全社会工作者职业水平评价制度体系，促进社会工作人才的职业化进程。"2018年《高级社会工作师评价办法》的发布，是我国社会工作专业化发展的一个重要标志，表明我国建立了初、中、高级相衔接的社会工作者职业水平评价体系，完善了社会工作专业人才职称评审体系，有助于提高社会工作专业人才职业认同感，激励社会工作专业人才不断提升自身能力，进而稳定社会工作人才队伍。

第五章　社会工作的工作方法

本章主要介绍社会工作的工作方法，主要从概述、工作原则、工作流程等方面对个案工作方法、小组工作方法、社区工作方法进行了阐述。期望通过本章的讲述，使大家能够加深对相关知识的了解。

第一节　个案工作方法

一、个案社会工作概述

（一）个案社会工作的概念

个案工作是与小组工作、社区工作并列的社会工作的三大直接服务方法之一，它起源最早，并且是其他方法的基础。也可以说，社会工作的发展就是伴随着个案工作的发展而发展起来的。个案工作属于一个直译词汇，英文称作"Case Work"。随着现代社会的不断变化和发展，个案社会工作的内容与方法也发生了诸多的转变。关于个案社会工作的概念，不同的学者与专家都持有不同的观点。最早对个案工作进行科学定义的是社会工作的先驱玛丽·里士满。1922年，她在《什么是社会个案工作》一书中指出，应该从人格发展的角度界定个案工作。她认为"个案工作包含着一连串的工作过程，它以个人为着手点，通过个人及其所处的环境做有效的调整，以促进其人格的成长"。

美国社会工作学者鲍尔斯认为，个案社会工作属于一种艺术。这种艺术以人际关系的科学知识与改善人际关系的专业技术为依据，在相关技术指导下，充分运用个人潜能或社区资源，促使案主与其所处环境产生有效的调适关系。

综合以上各位专家的见解，本书将个案社会工作定义为：专业工作者遵循基本的价值理念，运用科学的专业知识和技巧（基础），以个别化的方式（原则）为遇到困难的个人或家庭（对象）提供物质和心理方面的支持与服务（内容），以此来帮助个人或家庭缓减压力、解决问题、挖掘生命的潜能，不断提高个人和社会的福利水平。

（二）个案社会工作的功能

总体而言，个案社会工作的功能主要包括以下几个方面。

1. 恢复功能

当案主面临某种危机时，如出现婚姻危机、个人工作危机时，通过发挥个案社会工作的恢复功能，可以很好地修复被损伤的关系。

2. 干预功能

当案主处于一定的危机状态时，如案主自杀、报复伤人，或面临生命危机时，在法律赋予的权利范围内可以实施一定的干预。

3. 发展功能

一般情况下，案主在被服务的过程中，通过挖掘自身潜能，能极大地改善和提高自身的环境适应能力。同时还能调节不良的心理、情绪，提高生活质量。

4. 协调功能

协调是个案社会工作一个非常重要的功能。当案主与其他主体发生纠纷时，个案社会工作就会从中进行协调，修复与完善案主与相关社会环境间的关系。如处理家庭矛盾、企业纠纷等情况时，个案社会工作就会发挥其协调功能，从中进行调和。

5. 咨询功能

个案社会工作的咨询功能主要体现为，以个别化的方式为需要帮助者提供一定的信息帮助。如为下岗失业者提供相关的就业信息或其他方面的援助等。

6. 治疗功能

个案社会工作的治疗功能主要体现为，运用个案工作相关理论和方法来矫正案主的不良行为、调节不良情绪，使其走出困境。

7. 救助功能

就本质而言，个案社会工作是一种助人和自助的过程。假如案主出现某种危机，个案社会工作就会发挥作用，对案主提供必要的帮助。

8. 辅导功能

受各种因素的影响，当案主出现一些负面情绪时，个案社会工作可以发挥自身的辅导功能，对案主提供必要的心理援助，促使其尽快回到积极健康的心理状态之中。

9. 教育功能

当案主产生不良行为时，可以通过个案社会工作来教育和指导案主，引导其向着积极健康的方向发展。这就是个案社会工作的教育功能。

（三）个案社会工作的构成要素

个案社会工作的构成要素主要包括以下几点。

1. 案主

案主，即个案社会工作的服务对象。这一对象可以是一个人，也可以是一个家庭。

2. 问题

问题，即个案社会工作的相关内容。如案主遇到危机事故、受到人身威胁等，都是个案社会工作所要解决的问题。

3. 机构

一般来说，机构属于个案社会工作的法人单位，专业社工的相关工作主要是代表相关机构开展的，如政府部门、事业单位及其他社会服务机构等。以上几种社会机构所开展的活动与个人善举不同，二者有着明显的差异。

4. 社工

社工是个案社会工作的重要组成部分，通常都是一些具有专业资质的社会工作者，他们在个案社会工作中发挥着极其重要的作用。

5. 专业理念方法与规范

个案社会工作的开展依赖一定的专业理论与方法，并遵守一定的规范。一切都要围绕案主开展活动，运用专业知识和技巧来解决案主的各种问题。

在各种个案社会工作中，社工与案主形成了一种工作关系。这种关系是建立在彼此信任的基础之上的，只有维持良好的工作关系才能更好地解决案主的相关问题。

综上所述，个案社会工作就是代表社会服务机构的专业社会工作者，运用专业理念、知识和方法针对被帮助者（案主）的问题，在建立专业合作关系前提下开展的一系列有目的的活动。

二、个案社会工作的基本原则

个案社会工作的原则，是指专业社会工作者依据个案工作的目的、特点、工作经验制定的对个案工作的一些基本要求。

（一）以案主为中心原则

在开展个案社会工作的过程中，要坚持以案主为中心的基本原则。要最大限度地维护案主的基本利益，不能以牺牲案主的利益为代价来满足机构的需要。这一原则非常重要，作为社会工作者要铭记于心。

（二）人在情境中原则

一般来说，个案工作非常重视案主问题发生的相关原因，十分强调个人认知、情绪及行为反应与外部因素之间的关系，还十分重视探求案主问题与环境影响因素之间的关系，这就是人在情境中的原则。在开展个案工作的过程中，不仅要促进案主自身的改变，还要使环境得到一定的改变，这样才有利于各项工作的开展。

（三）个别化原则

个别化原则是指在开展个案社会工作的过程中要尊重案主的个性，坚持"以人为本"即以案主为本来开展各项工作。在开展个案工作过程中，社会工作者要将案主视为独特的人，重视案主提出的每一个问题，具体问题具体分析，采取不同的工作方法与技巧来帮助案主解决问题。个别化原则要求社会工作者在工作的过程中要因人而异地采取有针对性的方法和手段解决问题，不能一概而论。

（四）承认与接纳原则

个案工作者应该承认案主作为主体的价值、发展潜能及改变的能力，应该把案主看作一个有独立意志和权利、应受到尊重的服务对象来接受，承认其有独特的个性、态度和行为等。社会工作者的接纳态度有助于形成一种和谐自由的气氛，使案主能够畅所欲言，以便社会工作者能够更有针对性地进行工作。但是，接纳不等同于赞同，赞同是一种价值判断，而接纳则是中性的——既不表示同意，也不表示反对。

（五）中立与非评判原则

在开展个案工作的过程中，社工应始终以中立与非评判的态度面对每一个案主。作为一名合格的社工，要清醒地认识到案主的个性与特点，对其不做评判，要站在案主的立场去思考问题和解决问题。

（六）赋权原则

在执行个案工作的过程中，社工要鼓励案主积极参与其中，赋予其一定的权利去参与策略的制定或执行活动。对于一些特殊的案主，如未成年人、智力障碍者等，社工也要尽可能地尊重案主的个人意愿，维护其基本的权益。

（七）保密原则

社工在执行个案社会工作的过程中，要时刻把握保密的基本原则。对于案主的一切资料和信息，社工要严格保密，对工作过程中所做的各种记录、录音等资料也要妥善保管，不能对外泄露；在个案督导中，涉及案主的相关信息时，要事先征得案主的同意。

（八）社会性原则

作为一名合格的社工，在开展工作的过程中，要对案主负起应尽的责任，同时对自己、对机构、对社会也要负起相关的责任。这就是个案社会工作的社会性原则。

三、个案社会工作的基本过程与技术

（一）个案社会工作的过程

一般来说，个案社会工作的基本程序包括申请与接案、资料收集、诊断、确定目标与制订服务计划、服务与治疗、结案评估和追踪七个方面。作为一名社工，要按部就班地按照既定的程序去完成相关的个案工作。

1. 申请与接案

申请与接案是个案社会工作的第一步。在这一阶段中，基本的工作流程为社工与求助对象进行初步接触，评估与分析求助对象的相关问题，根据实际情况商讨能否为其提供服务或解决问题，力求使求助者成为案主。需要注意的是，每一个机构都有自己的专长，对求助对象的服务也受到一定的限制；如果经过评估发现求助对象的问题在本机构得不到很好的解决，则需转案至能解决其问题的有关机构。

2. 资料收集

在接案之后，社工或者相关机构要尽可能地为案主提供良好的服务。首先要充分了解案主的相关信息和资料，并深入分析案主的相关问题，收集各种资料。这有利于判断与分析问题，做出正确的决策。

在个案社会工作中，资料的收集主要包括个人资料和社会环境资料的收集两个方面。社工在开展工作的过程中，一定要尽可能多地收集这两方面的信息和资料，以便进行诊断与分析。

3. 诊断

诊断就是通过对问题的了解去发现协助和治疗的方向。诊断的目的在于了解案主问题的真相、特质、症结所在、起因以及对案主的影响；了解案主的人格、所在的环境及其社会关系；了解与案主有关的人的人格及他们与案主的相互关系，以及案主对问题的态度和对其本身与社会环境的看法；发现解决问题的各种有利条件和不利因素。社会工作者应从三个方面着手对案主的问题进行诊断，即服务对象的问题、问题产生的原因、案主已采取的措施。

4. 确定服务目标与制订服务计划

确定服务目标与制订服务计划是实现个案工作效果的重要环节，社工要依据事先制订好的计划有条不紊地开展各项工作，一步一步地实现既定的目标。

5. 服务与治疗

服务与治疗属于个案工作收尾阶段的内容，社工的主要目标是协助案主了解自身优缺点、改善生活环境、建立良好的人际关系等。

6. 结案评估

在个案工作程序中，结案评估是收尾阶段的一个重要步骤，主要是评定个案工作的效果和效率，总结经验和教训，为下一步的工作奠定良好的基础。

7. 追踪

结案并不意味着个案工作的结束，社工还需要根据实际情况对案主进行必要的追踪服务，了解后期的工作效果。这对于个案工作的持续开展具有重要的意义。

（二）个案社会工作的技术

一般来说，个案社会工作的主要形式有会谈、访视与记录等。这几种方法最为常用，作为一名合格的社工必须要熟练掌握这几种方法。

1. 会谈

会谈可以说是贯穿于个案社会工作的整个过程中，通过会谈，社会工作者能清楚地了解案主的基本情况，并发现其中存在的问题。作为社会工作者，一定要掌握会谈的技巧，从与案主的会谈中获取有用的信息。

（1）会谈的特点

与一般交谈相比，社会工作者与案主的会谈有自己的特点，具体体现在以下几个方面：

第一，会谈内容要根据会谈的目的来确定，排除与会谈无关的内容。

第二，要明确社会工作者与案主的角色及职责，社会工作者要向案主提供必要的服务，案主则无此义务和责任。

第三，在会谈之前，社会工作者要做好必要的提纲或计划，把握会谈的时间和重点。

（2）会谈的形式

一般来说，会谈主要有个别会谈、家庭会谈、夫妻联合会谈、小组会谈等几种形式。

（3）会谈的阶段

会谈一般包含开始、发展及结束三个阶段。不同的阶段有不同的内容与目标，作为社会工作者一定要做好各阶段的相关工作。

①开始阶段。此阶段的主要目标是使社会工作者与案主彼此认识，共同确定会谈的内容。社会工作者在会谈前应做好会谈的环境和心理准备，以便于会谈的顺利进行。当案主踏入会谈室时，社会工作者应营造一种温馨与舒适的环境，减少案主因寻求帮助产生的不安感。社会工作者应热情主动地与案主接近，如与案主打招呼、进行简短的社交谈话等。

②发展阶段。发展阶段是会谈最为重要的部分。在这一阶段，社会工作者必须要运用自己熟练的会谈技巧与案主建立良好的互动关系，要协助案主讨论与问题相关的每一个细节。在讨论一般性内容之后，要深入探讨各个焦点问题，要把握好探讨的问题的范围与深度，必要时可以采取转移话题的方式。但是如果转移话题会影响会谈的顺利进行，社会工作者就要谨慎考虑是否要阻止话题的转移。

③结束阶段。在会谈结束前 10 分钟左右，社会工作者应开始做结束前的准备工作，以保证整个会谈工作的圆满结束。在结束阶段，社会工作者同样要注意调节案主的情绪，要让案主带着平和的心态离开会场。

2.访视

访视就是社会工作者亲临实地进行观察，以便于了解案主的详细情况，掌握案主的动态。个案工作者进行实地访视是非常有必要的，因为有些案主会因为片面的见解而提供不准确的信息。这对于整个个案工作的进行是十分不利的，甚至会影响到最终的结果。社会工作者去实地进行观察，通过自己的专业眼光能获得相对客观和准确的信息，从而能制订出合理有效的治疗方案。

社会工作者在进行访视时需要注意以下几点要求：第一，要明确访视的目标；第二，要做好充分的准备工作；第三，要合理确定访视的时间；第四，访视时注意着装要大方得体，使案主能接受；第五，访视的过程中要时刻观察被访视者的态度，这样才有利于双方的沟通与合作。

3.记录

（1）记录的目标

①为了取得准确的诊断和有效的治疗，必须以详细准确的资料为依据。

②如果出现案主需要转案或工作人员发生变动等情况，记录可以帮助新的工作者了解案主。

③良好的记录可以应用在社会研究、社会计划和教学中。

（2）记录的目的

一般来说，记录主要有三个目的：为进行准确的诊断和有效的治疗；帮助社会工作者充分了解案主的具体情况；良好的记录可以应用于社会研究、社会计划和教学之中。

（3）记录的方式

个案工作的记录方式有很多种，其中以下几种最为常用：

①流水账式，即记录下与案主有关的所有资料，后续再进行整理与分析。这一记录方式的优点是内容详尽，缺点是内容太多、没有重点，浪费时间。

②对话方式，即记录案主和社会工作者会谈中的互动与沟通内容。除记录对话内容之外，对案主的表情、动作等身体语言也要详细记录。这种记录方式非常适用于教学和督导，因此得到了广泛的运用。

③分段方式，即按事情发生的先后次序分段记录，每段加上一个标题，使内容清晰可见。这种记录方式经常用于各种个案工作。

第二节　小组工作方法

一、小组工作概述

（一）小组工作的概念

小组工作是由英文"Group Work"或"Social Work with Group"直译过来的，随着时代的不断发展，小组工作的形式与内容也不断发展和变化。美国小组工作者协会给小组工作下了一个定义："小组社会工作就是由小组工作者指导各种小组从事各种小组活动，使这些活动有助于个人发展和社会目的的实现。"

从这个定义可以看出，小组工作既是一种工作过程，又是一种社会工作方法。总体来看，小组工作就是以小组为工作对象，在社会工作者的协助下，通过小组成员之间有目的的互动互助，实现娱乐、教育和治疗方面的目标；促进小组成员的个人成长，获得行为的改变、社会功能的恢复和发展；最终实现社会繁荣，促进个人与社会和谐发展的社会工作方法。

米德曼和戈德堡从过程的角度指出了小组社会工作的四项基本要素：

①帮助成员形成一个互助体系。

②工作者和成员了解并善用小组过程。

③协助成员自动发挥小组功能。

④协助成员认识小组社会工作的各个阶段，工作结束时，对小组工作做出评估。

这是一种以过程的眼光来看小组社会工作的方式，即一个机构、小组工作者与小组成员间相互作用，同时与小组外的环境相互作用，从而达成个人、小组和社会目标的过程。

（二）小组工作的类型

1.按小组形成方式划分

按小组的形成方式划分，可将小组工作分为自然小组和组成小组两种类型。自然小组是指由共同的兴趣、爱好等自发形成的小组；组成小组是指为了某一特定的目标而发起和形成的小组。

2.按小组结构划分

按小组结构来划分，可将小组工作分为正式小组和非正式小组两种类型。正式小组是有确定的目标和正式小组结构的形式；而非正式小组则恰恰相反，既没有正式的小组结构，小组成员的行动也没有明确的目标。

3.按成员参与态度划分

按成员参与态度划分，可以将小组工作分为志愿小组和非志愿小组两种类型。志愿小组是指小组成员具有一定的参与动机且自愿选择参与的小组；而非志愿小组则是指小组成员无明确的参与动机且并非主动选择参与的小组。

4.按成员进出的自由程度划分

按成员进出的自由程度划分，可将小组工作分为封闭小组和开放小组两种类型。封闭小组是指成员从开始到结束均保持不变的小组；开放小组是指在小组工作过程中允许成员随意加入或离开的小组。

5.按小组工作目标划分

按小组工作目标划分，可将小组工作分为教育小组、成长小组、支持小组、治疗小组以及任务小组五种类型。

（1）教育小组

教育小组的目标是帮助小组内成员学习新的知识与技巧。如家长教育小组的主要目标是帮助家长学习如何管教子女的行为。

（2）成长小组

成长小组的主要目标是促进组内成员的正常发展。社会工作者可以为组内成员设计各种小组活动，在参加各种活动后进行讨论与分享，增进成员间的了解，提高其社会适应能力。

（3）支持小组

一般情况下，支持小组主要由有相同问题或经验的人组成。通过小组内成员的交流与探讨，成员能获得一定的情感共鸣，从而获得一种情感上的支持。如丧偶小组、父母离异儿童小组、单亲妇女小组等都是这一类型。

（4）治疗小组

治疗小组通常是指心理治疗小组，其目标主要有支持性治疗、人际关系成长以及内心成长三个方面。在治疗小组中，社会工作者被视为专家和权威人士，他们与成员一起诊断问题、制定治疗目标。如针对毒瘾少年的治疗小组、针对抑郁病人的治疗小组等。

（5）任务小组

一般来说，任务小组主要包括委员会、社会行动小组以及病人的自治小组等。建立任务小组的主要目的在于完成管理单位所分派的任务，实现既定的目标。

（三）小组工作的功能

①增强个体的社会适应能力。

②协助个体社会功能的恢复。

③对个体的失范行为进行矫正。

④社会任务的达成。

⑤社会环境的改善。

二、小组工作的基本模式

（一）社会目标模式

社会目标模式的代表人物是惠特克，其理论基础是社会系统论，即认为社会系统与个人和群体间是相互作用、相互影响的。除此之外，弗洛伊德的人格理论，机会论、无权论、政治经济理论，以及杜威的教育哲学理论等也是其重要的理论基础。一般来说，这一模式的总体目标是培养小组成员的社会责任感和归属感，促进成员的健康发展，并实现社会的稳定发展。

（二）治疗模式

治疗模式主要建立在精神医学、心理治疗、心理咨询等理论和技术基础之上。这一模式主要是利用小组环境来促使成员加深对问题的认识，能帮助组内成员更好地控制自己的情绪，促使其以积极的心态看待一切问题。

总的来看，治疗模式关注的重点不是社会，而是个人的心理和行为矫治。其主要目标在于通过各种手段来消除个人心理、社会与文化的适应不良问题，重点在于改变组内成员而不是改变整个社会。

（三）互动模式

通过小组成员之间的沟通与交流来实现某种目标的模式，就是小组工作的互动模式。这一模式的理论基础主要有小组动力学、系统理论、社会互动理论以及社会心理学理论等。这一模式对于个体人格的形成与完善以及人际交往能力的提高都具有非常重要的作用。

互动模式中的各项工作注重小组成员之间的互动过程，其目的在于增强成员的互动与交往能力。这一模式与社会目标模式和治疗模式都有着较大的差异，这一模式注重的是小组成员互动与互助的过程本身。小组工作者是受助者与小组或小组与机构间的协调人，其作用在于促进小组成员的互动与交流。

三、小组工作的过程与技术

（一）小组工作的过程

小组工作是一个循序渐进的过程，一般情况下主要分为计划阶段、开始阶段、中间阶段和结束阶段等几个阶段的工作。

1. 计划阶段

小组工作计划阶段的主要工作内容是成立小组、设定目标、招收和选择组员。

这一阶段的工作非常重要，准备工作做足了就有利于下一步工作的开展，否则就会影响接下来各项工作的开展。在这一阶段中，社会工作者需要依靠自己的能力尝试设定小组目标，尽力争取得到相关机构的认可，同时还要提高自身安排小组各项工作事宜的能力。

2. 开始阶段

在开始阶段，小组成员还不能完全以积极的心态投入工作中，很多成员表现得极为谨慎，这也是正常现象。在这一阶段中，社会工作者需要处理组内各方面的事宜，如让组员相互认识、确定小组工作者的角色、建立小组文化体系、制订小组发展计划等。这一阶段的工作主要是帮助社会工作者全面了解组员的情况，接纳每一名组内成员。

3. 中间阶段

中间阶段工作的开展对于小组目标的实现具有重要的意义。这一阶段的工作主要包括协助组内成员实现既定的目标、为小组活动提供内容架构、监督与评估小组活动等几个方面。

在中间阶段的工作中，社会工作者通常会预先设计好各个部分的先后次序以及每一部分所用的时间，采用合理、高效的措施与手段处理小组工作过程中的抗拒、冲突等问题。这能充分体现其出色的专业能力。除此之外，在本阶段所有的工作内容中，监督与评估工作也非常重要，应给予高度重视。

4. 结束阶段

在小组工作的结束阶段，组内成员经过彼此间长期的沟通与了解会建立起良好的工作关系。一般来说，大部分组员都会得到一定的满足，只有很少一部分成员可能会出现愤怒、失落、紧张、压抑等情绪。在这样的情况下，社会工作者就要结合具体的实际情况，采取有针对性的措施和手段消除成员的这些不良情绪。

（二）小组工作的技术

1. 建立良好专业关系的技术

社会工作者必须和小组成员建立良好的专业关系，以获得小组成员的接纳，以便其以专业态度与小组成员接触。社会工作者还应协助小组中的每一个成员接纳其他成员，同时社会工作者也要像普通成员一样，对小组的每一件事都要表示关心并参与。

2. 分析小组情况的技术

社会工作者要认真分析小组的具体情况，然后确定小组的发展目标和方向，并制订相关的活动方案。对于社会工作者而言，要善于观察各个成员的反应，及时了解成员的发展动态。

3. 参与小组活动的技术

社会工作者在参与小组活动的过程中，要注意自己的工作态度，及时调整自己的身份和心态，要以平和的心态参与小组活动，同小组成员打成一片。

4. 处理小组成员关系的技术

对于社会工作者而言，其应通过各种渠道了解小组成员的工作态度与反应，并根据不同的反馈信息及时调节组内成员之间的关系，及时、有效地解决组内成员存在的各种问题。

5. 运用机构与社区资源的技术

作为一名合格的社会工作者，应及时、准确地掌握社区内的人力、物力和财力资源，认真分析影响小组工作开展的因素，从而制定科学的运作程序，进而实现小组工作的目标。

6. 领导与管理小组的技术

社会工作者在领导与管理过程中要十分注意理论与实际的结合，做到具体问题具体分析。同时，还要善于抓住重点、照顾一般、主次配合、协调一致。通常较为常用的方法主要有小组行政方法、小组经济方法、小组规章制度方法等。

7. 小组会议的技术

小组会议与讨论也是社会工作者开展小组工作的重要工具，要开好小组会议，社会工作者要熟练地运用小组会议的技术。首先，社会工作者要做好各种会议工作的安排，为会议提供恰当的物质条件和文献资料。除此之外，社会工作者还应结合实际情况灵活选择恰当的会议方式，如自由讨论会、对话与圆桌会议等，社会工作者要引导组内成员展开积极的讨论。

第三节　社区工作方法

一、社区工作的概念

（一）社区的概念与类型

1. 社区的概念

社区是指生活在一定区域内、相互间保持着不可分离关系的人群形成的社会共同体。我们通常所说的社区，大部分情况下是指城市社区。城市社区重点强调了社区居民的认同感与归属感，同时还具有重要的地域性特征。

2. 社区的类型

按不同的标准，可以将社区划分为不同的类型。

按地域划分：农村社区、小城镇社区和城市社区等。

按功能划分：经济型社区、文化型社区、政治型社区等。

按社区形成方式划分：自然型社区、法定型社区。

（二）社区工作的概念

社区工作以社区为载体。"社区"一词最早由德国人腾尼斯提出，在他看来，社区是由有共同价值观的同质人口组成的关系亲密、富有人情味的社会关系和社会团体；人们加入该团体并不是有目的地选择之结果，而是在社会生活中自然形成的。

社区工作是以整个社区及社区中的居民为服务对象，提供助人的、利他的服务的一种社会工作专业方法。社区工作是社区工作者以社区和社区居民为案主，通过发动组织社区居民参与集体活动，以培养社区居民的民主参与意识和社区意识、自助和互助精神，发掘并培养社区人才，解决社区问题，增加社区福利，促进社区进步。

二、社区工作注意事项

（一）以人为中心制定发展目标

在社区工作目标的制定过程中，人的发展比社区的物质发展更重要，社区发展应以社区的共同需要和根本愿望（需要）为主。社区服务方案应包括一些含有情感内容的活动。

作为一名社会工作者，要根据社区工作的具体情况制订符合实际的工作计划，制订的计划要全面和完整，且具有较强的针对性。所采取的措施和手段要有利于社区各方面的协调与配合。这样才有利于社区活动的开展。

（二）强调社区成员的自主参与

只有社区成员自己最清楚自身存在的问题，因此要积极鼓励社区成员自主参与社区工作事务。这样不仅能锻炼他们的能力，还能彰显其价值，树立其自信心。在具体的工作中，社区工作者可以指导社区成员制订社区工作计划，培养和提高社区成员的沟通与交往能力。

（三）充分开展组织工作

在开展社区工作的过程中，社区工作者还要充分考虑非营利组织的不可或缺性；鼓励社区成员参加各种活动；调动社区内部资源以实现社区自助，争取外来援助但又不完全依赖外援。

（四）注重协调发展

在开展社区工作时，社会工作者要根据事先制定的目标进行，并且还要合理选用工作方法；工作的步调应与社区发展水平相协调，社区工作者与社区成员之间，以及社区成员之间要进行有效的沟通与交流；注重社区成员之间的协调发展，还要注重社区与地方政府、社区与国家计划等方面的协调。

（五）尊重社区成员的自决权利

在开展社区各项工作的过程中，社区工作人员不应强迫社区成员接受其意见，要将自决的权利交由社区成员。但是社会工作者也不应袖手旁观，而是要协助社区成员共同寻求解决问题的方法，从而完成既定的任务与目标。

（六）采取民主和理性的社区工作方式

社区工作者在制定相关的工作目标时要采取民主的方式，要用理性的头脑去分析各种因素，切忌盲目和冲动。同时，社区成员也有权利参与共同的决策，共同制定出合理的规则。

（七）注意预防性工作

社区工作并不是一帆风顺的，有时可能会存在一定的风险。因此社区工作者要时刻做好必要的防范，要能科学预测和判断社区工作的发展局势，做好必要的预防工作，以减少工作成本。

在具体的社区工作过程中，社区工作者要树立正确的价值观，把握正确的行为准则，结合社区的具体情况发挥社区各方面的功能，实现社区的健康发展。

三、社会工作参与社区治理的多层次机制

（一）个案社会工作层面

社会工作者要到社区调研与走访，主动发现社区中有问题的个人以及家庭，了解困难人群的情况，协助其通过合理渠道表达诉求、链接资源，并提供专业的个案服务，及时为其提供帮助，助其走出困境，增强其社区融入与归属感。例如，社会工作者入驻 L 社区前进行了调研，通过入户、发放问卷、电话访问等方式促进居民参与社区调研，以此了解居民需求、发现困难人群，及时针对其需求制订相应的个案服务计划。但在此过程中，仍有部分居民不愿参与调研。针对此情况，社会工作者大力宣传社区治理的相关知识，烘托居民参与社区治理的气氛，以提高居民的积极性。在 L 社区进行调研走访时，一件个案引起了笔者的关注：案主是 L 社区的志愿者，56 岁，女儿刚诞下外孙，丈夫却突发心梗离世。喜事与悲剧同时降临，对她的心理产生了极大的冲击，社会工作者及时为其建立个案并采用危机干预模式。在大家的帮助下，案主慢慢走出失去至亲的阴影，将更多的心思放在了照料外孙和社区事务上。但面对这种情况社会工作者不可草草结案，仍要多加关注其长期的发展。

（二）小组社会工作层面

在社区治理中，运用得较多的是社会目标模式，强调培养公民的社会责任感、社会参与和社会行动的能力，为社区培育一支专业的志愿者队伍；发挥其号召作用，推动社区居民为社区发展建言献策、为社区治理提建议；促进居民融入社区，提升社区居民对社区的认同感与归属感。例如，L 社区曾招募过热心居民并对其进行培训，成立了一支志愿者队伍。但由于小组活动次数有限、时间短暂、后续号召力不足，如同昙花一现。其实，这本是一个好的开头，但后续发力不足导致其虎头蛇尾。这个情况反映了一个问题：居民有积极参与社区治理的意愿，但如何维持居民的积极性以及保证社区志愿者队伍的稳定发展，是需要社会工作者仔细考量的。在笔者看来，一是需要长期且定期组织志愿者们进行培训与交流，及时提升知识与技能水平；二是有一定的奖励机制，可以是物质奖励，但更多的是非物质的荣誉类奖励，如在社区内公开表彰优秀志愿者，在肯定志愿者付出的努力的同时也对其他居民起到了号召作用；三是扩大志愿者的知识领域，在提升志愿者能力的同时，也促进志愿者用所学知识帮助社区居民。

（三）社区社会工作层面

社区要转变治理理念，社区治理的核心要下移，即社区、社会组织和社会工作者协同发力参与治理，让基层社会治理迈向社会化。要在社区开展以社区治理为主题的相关宣传与教育活动，首先让居民了解社区治理，才能促使居民有意愿成为社区治理的参与者。社会工作者作为资源链接者，可以链接街道各社区甚至是跨街道社区的资源，促进各社区居民互相交流学习、分享参与社区治理的经验心得，让居民切实参与到社区治理中，肯定居民在社区治理中发挥的作用。例如，在 L 社区进行调研走访期间，笔者见社区举办了数次社区活动，例如，节日庆祝活动、金婚庆祝活动、书画歌唱比赛等。大多数社区活动受到了居民的好评，对居民来说也具有一定的意义；但活动的形式局限于休闲娱乐，缺乏教育类的活动。在"三社联动"这一平台上，社会工作者其实可以链接社会资源，举办有关"社区安全""社区卫生"的主题活动，让居民切实参与到社区治理中，在丰富精神文化的同时，也将社区治理这一概念植根于居民大脑中，促进了居民参与协同共治。

四、社区工作的过程与技术

社区工作可以分为一定的阶段，每一个阶段都有一些工作技巧，下面就对此展开详细的阐述与分析。

（一）建立关系

建立关系可以说是开展社区工作的第一步。要想实现社区工作的目标，社会工作者要非常重视人际关系的建立，首先要了解社区各位居民的真实需求。同时也要让社区居民了解自己，彼此建立一个良好的沟通桥梁。

在建立关系的过程中，社会工作者要学习并掌握一定的工作技巧，要能准确把握社区居民的心理状态，并与其他专业人士交流看法。以积极的心态和诚恳的态度对待社区所有居民，愿意倾听社区居民的心声，尽可能地满足社区居民的需求。

（二）搜集资料

社会工作者与案主建立一定的专业关系后，就要着手搜集资料的工作。这一步骤非常重要，关系到社区工作能否顺利开展。一般来说，搜集资料的内容主要包括社区的基本资料、社区内的各种资源、社区居民需求等几个方面。一般主要采用文献资料法、问卷法、访谈法、实地考察法等几种方法来收集资料。

社区工作者收集到一定的资料后要进行细致的分析。在进行分析的过程中，要避免走入误区。有一些社区工作者会受先入为主、个人工作习惯等因素的影响，从而失去正确的工作方向，这一点需要引起高度重视。

（三）制订计划

要想实现社区工作的目标，事先制订工作计划是尤为必要的。制订社区发展计划能保证社区工作开展的有效性，最终完成社区工作的目标和任务。

一般来说，社区工作计划主要分为总体计划和具体实施计划两个部分。

1. 总体计划

总体计划是指对社区工作的现在与将来进行的规划。按照社区工作的全局来分，可以将这一计划分为近期规划与长远规划两种类型。这两种计划缺一不可，对于社区工作的开展都具有重要的指导作用。

2. 具体实施计划

具体实施计划是指为实现总体计划而设计的一系列具体的实施手段和方法。

它属于社区工作整体规划中的重要组成部分，直接关系到社区工作内容的执行与开展效果。

（四）社区行动

社区行动主要是指社区工作计划的具体实施，通常来说包括以下几个部分：

1. 会议

社区工作的开展需要社区居民、社区机构、社团的通力合作，否则社区工作就无法正常开展。要想实现各方面的沟通与交流，开展社区工作会议是一个重要的途径。社区会议是一种组织，可以集中社区力量，通过意见交流和经验分享促进社区发展。

2. 教育与宣传

当前，我国社区居民的社区意识还比较薄弱，社区归属感、责任感不强。这非常不利于社区各项工作的开展。因此，培养和提高社区居民的社区意识尤为必要。对此，可以采用教育与宣传的方法来提高居民的社区意识，实施教育与宣传手段，鼓励居民主动了解和积极参与社区工作。可以采用海报、黑板报、宣传栏、公告等方式宣传社区工作，激发居民参与社区工作的意识，培养居民良好的社区意识。

3. 组织人事

在开展社区工作之前，还要建立工作人员队伍，这是保证社区活动顺利开展的重要基础。组织工作人员队伍可以从以下几方面进行：

第一，建立一定的组织和议事机构，如理事会、委员会、工作小组等。另外，还要挖掘与培养社区工作领导人才，利用他们在社区中的威望和地位开展社区工作。

第二，建立一支社区工作组织队伍，包括以下几种形式：建立专职工作人员队伍，建立志愿者队伍，建立兼职工作人员队伍等。以上工作人员队伍的建立对社区工作的顺利开展具有极大的帮助。

4. 财务管理

开展社区工作必须要有一定的经费支持。在当前社会主义市场经济体制下，社区工作经费要通过市场化的方式来获得，可以广开渠道筹措资金。对于一些经济不发达地区而言，可以争取一定的国家财政补贴；而在经济发达地区，可以发动社区居民进行集资活动，以筹措社区发展资金。除此之外，还可以通过宣传来获得大企业的公益性赞助资金，这是现代社区发展中一个非常重要的资金筹措手段。

5. 协调工作

社区工作的开展需要各方面的通力合作与协调配合。在开展具体工作的过程中，社区工作者要与各方面进行积极的沟通和联系，这样能提高社区工作的效率，实现社区的健康发展。

6. 成效评估

社区工作成效评估也是一个非常重要的环节。通过对工作成效的评估，社区工作者能充分了解自己的工作效果，发现其中的问题，从而采取有针对性的措施和手段解决社区工作中各方面的难题。

社区工作者在进行工作成效评估的过程中要注意以下几个方面的要求：

①要建立一个健全和合理的指标评估体系。

②评估工作可以邀请社区各界代表以及相关专家参加，尽可能地做到科学和客观。

③评估要从多层次进行（如经济、社会、环境等），力求全面反映社区工作的实际效果。

④将定量评估法与定性评估法结合起来进行评估，力求真实、客观。

第六章　社会工作实践

本章为社会工作实践，主要介绍了三个方面的内容，依次是青少年社会工作、老年人社会工作、妇女社会工作。期望通过本章的讲述，使大家能够加深对相关知识的了解。

第一节　青少年社会工作

一、青少年社会工作的概念

青少年社会工作主要以青少年为服务对象，它根据青少年的生理、心理和社会特征，以青少年的需要为起点，通过运用专业社会工作的各种价值、理念、方法和技巧，促进青少年健康成长、自由发展，帮助他们达成一种良好的社会适应状态。青少年社会工作是专业社会工作的重要组成部分。

青少年社会工作的服务对象是所有青少年群体，在实践中重点是那些需要帮助和遇到困难的青少年。

青少年社会工作的重点内容有：学业辅导、生活辅导、心理辅导、职业培训和介绍、休闲服务以及矫治服务等。青少年群体有着属于其自身的群体普遍特点，因此，对于这个群体开展的社会工作就要符合青少年的身心发展规律。具体来看就是学业辅导、职业培训、休闲服务等都要侧重于青少年的实际情况，在工作中不能忽视"教"这一手段。青少年是一个人从儿童到成年人的过渡阶段，作为一名青少年，他们的身体在这个阶段发育速度较快，也具有了一定的独立生存能力，但从心智上来说仍旧与真正的成年人相差很远，表现出情绪不稳定和思维不成熟的一面。在这个阶段，如果能得到他人的肯定和称赞是非常理想的，也需要他人将社会经验传授给他们。如此看来，"教"是必要的，只是对于"教"的方式要更加考究一些。青少年社会工作的宗旨始终是要以青少年为本，一切从青少年的需要和利益出发。这样就使得从事青少年社会工作的工作者更多的是通过陪伴、辅助、提供资源来完成工作的，最终目的还是培养出青少年凭借自身力量解决问题的能力，引导其走上正确的道路。

二、青少年社会工作的特征与功能

（一）青少年社会工作的特征

青少年社会工作是一项专业性较强的社会工作，其针对的对象是广大青少年，因此其工作的开展需要符合青少年的身心发展规律。开展相关工作的社会工作者首先要对这方面的理论、知识予以学习，认清这些规律及其所带来的影响。

青少年社会工作重在调动青少年内在的发展潜能，辅导青少年自我发展以及让他们积极适应社会。为此，青少年社会工作者还需要从社会视角看问题，运用合理的方法与技巧，以青少年为本，充分发掘青少年自身的潜力，给他们提供前行道路上所需的资源，使其可以朝着自我实现的方向努力。在针对青少年开展工作的过程中，为了符合这一群体的身心特点，要特别注重尊重和接纳、倾听、培养个性、鼓励为主等方式的使用。

青少年社会工作者与传统的青少年工作者相比，他们最大的区别在于是否以新型的社会工作理念为指导。新型理念指导下的社会工作者将青少年社会工作看作一种服务，而不是一种严肃的思维灌输活动。如此自然会使得青少年感受到更加温和的氛围，更容易和他们建立起一种如朋友和人生导师般的关系。

在上述情况下，社会工作者提供给青少年的也不是命令或教导，而更倾向于以建议的形式传达信息。青少年社会工作一般很少对青少年做出一种道德上的批判，更多的是给予他们真正需要的帮助。

青少年社会工作是全面而广泛的，既带有补救性，又带有预防性；既有局部的，又有全局的；既有有形的，又有无形的。而为了把控好这些工作的过程与质量，青少年社会工作者的专业特质和专业技巧是不可或缺的，专业的手段在整个青少年社会工作系统中占有重要的地位。从宏观角度看，做相关工作需要了解青少年福利政策、相关法律法规；从微观角度看，在青少年社会工作实践中更加需要经验和技巧。

（二）青少年社会工作的功能

①协助制定青少年政策。以青少年的需要为基础，协助有关部门制定对青少年成长和发展更为有益的政策。

②推动青少年发展。推动青少年发展的工作内容很多，常见的如成长指导、人际关系辅导、生活方式辅导、社会适应训练和自我发展训练等。

③解决青少年问题。常见的解决青少年问题的工作有生活照料、偏差行为矫正、人际交往障碍排除等。

三、青少年社会工作的基本方法

（一）青少年个案工作

青少年个案工作主要是针对那些遇到困难或存在一定自身问题的青少年个体和家庭的社会工作。青少年个案工作的目标是帮助他们解决困难和问题，以及培养他们通过自身能力解决问题的技能。对于青少年个案工作来说，经常会发挥家庭的作用，这主要是因为许多青少年问题出现的根源都是家庭，解铃还须系铃人，从家庭角度出发解决青少年问题就是对症下药。将青少年的整个家庭作为服务对象的社会工作，也是青少年个案工作的范畴。

（二）青少年团体工作

青少年团体工作是以青少年团体或者小组为服务对象，运用团体动力程序与团体活动过程设计技术，使团体中的青少年实现社会性的发展、行为的改变，实现青少年个人与社会的和谐发展，进而促进整个社会中个人的全面发展和社会的进步。

（三）青少年社区工作

青少年社区工作相对于前两种工作方式来说出现得更晚，这种工作方式的出现得益于现代社区机构的完善和社区功能日益多样化。青少年社区工作主要调动社区中可以为青少年工作所用的资源，以专业人员和非专业人员相结合的方式帮助和协助青少年解决问题。它以营造社区内青少年健康成长的发展环境和引导青少年在力所能及范围内与社会形成互动为工作目标。

第二节 老年人社会工作

一、老年人社会工作的概念

老年人社会工作是应老年人问题而产生的一种专业服务活动，它是指受专业训练的社会工作者在专业的价值理念的指导下，充分运用社会工作的理论和方法，为在生活中遭受各种困难而暂时丧失社会功能的老人解决问题、摆脱困境，同时推动更多的老人在晚年获得进一步发展的专业服务活动。在当代中国老龄化现象严重的情况下，要想更好地应对老龄化的挑战，就必须重视老年人社会工作。

二、老年人社会工作的内容

（一）老年人照顾

老年人照顾是指对于因年事已高而在生活中存在困难的老年人所进行的照顾。老年人照顾可以分为家庭照顾、社区照顾和机构照顾三种形式。

（二）社区照顾

社区照顾是按照"属地养老"的原则，在充分利用社区自身所有的资源和条件的前提下，使需要得到照顾的老人尽可能在社区内接受照顾。社区照顾建立在老年人自立、与社会保持接触和常态生活的基础上，其目的是帮助老年人体现其作为社区成员的角色，尽可能地让他们生活在一个"常态"的社会环境中。社区照顾就是要动员全社区的人力、物力来帮助那些需要照顾的老年人，使其在社区中能够幸福地生活。

（三）机构照顾

有些老年人因为没有自己的住处，或是因长期性疾病身体行动不便，从而需要他人或者医务人员的照顾。而机构照顾就是在一定的专门机构内为老年人提供护理、食宿、生活服务的照顾。

三、老年人社会工作的方法

（一）老年人个案工作

老年人个案工作是指老年人社会工作者运用社会工作的方法和技巧，针对每个老人的不同特征为其提供个别化服务，促进其身心健康，使其能过上一种正常老年生活的工作过程。老年人个案工作是为个别老年人提供服务的，因此老年人个案工作要遵循它自身独特的原则。概括来说，这些原则主要包括：尊敬与信任的原则、自我选择的原则、耐心倾听的原则、个别化的原则。

（二）老年人小组工作

老年人小组工作是指老年人社会工作者利用小组的方式为老人提供服务，增加其参与社会活动的机会，通过老人在小组中的娱乐、交往和学习等活动排解老人生活中的寂寞，解除其生活中的疑虑，增加其生活情趣的工作过程。也就是说，老年人小组工作是通过组织老人参加各种团体活动，提高老人活动水平，建立老人间的互助网络，以帮助他们摆脱孤独、寂寞并使其晚年生活充满乐趣。老年人小组工作有以下几个基本原则：

①不要先行假设有些老人爱参加小组活动，有些老人不爱参加小组活动。

②社会工作者一定要有耐心、细致、周到的工作态度，尽可能考虑到每个老人的特殊需要。

③小组组员的选择要恰当。小组组员的恰当安排，是使老人能够继续参加活动并对小组活动感兴趣的重要因素。

④不强求的原则。工作人员虽然应尽可能调动所有老人参加小组活动的积极性，但对个别不愿意参加活动的老人则应尊重他们的选择。

（三）老年人社区工作

老年人社区工作是指社会工作者运用各种工作方法来改善老人与社区的关系，提高老人的自助、互助能力，增加老人的社区参与感，通过老人的集体参与来提高他们的生活质量的一种服务活动和服务过程。具体来说，开展老年人社区工作有以下意义：

①有利于老人在熟悉的社区环境中生活。

②有利于老人的家庭照料。

③有利于低收入老人的养老。

④有利于充分利用社区内的闲置资源。

第三节　妇女社会工作

一、妇女社会工作的概念

妇女社会工作是社会工作的重要实务领域。因此，可将妇女社会工作的概念界定如下：妇女社会工作是以妇女为服务对象而进行的专业社会工作服务。也就是说，妇女社会工作是借助社会工作的专业方法为妇女提供服务的活动。妇女社会工作的目的在于通过社会工作的专业介入提高妇女能力，赋权于妇女，整合妇女服务资源，从而帮助妇女完善自我，获得社会发展，并推动社会公正。

二、妇女社会工作的内容

（一）妇女的婚姻和家庭方面

1. 婚姻和家庭关系调适

（1）夫妻关系的调适

在夫妻关系的调适中，突出的问题是家务分工、经济支配、教育孩子等方面的矛盾。城市里的婚姻危机突出表现为夫妻一方的婚外情、重婚等。

（2）亲子关系的调适

强调父亲的参与和家人的配合，重视父亲在亲子关系、儿童教育中所承担的责任。学会处理隔代教育中祖辈无原则溺爱孙辈问题的方法。

（3）婆媳关系的调适

解决婆媳关系这个永久的问题要从根治性别制度入手。在社会学视角下，应遵循婆媳关系调适的原则。

2. 干预伤害妇女行为的工作

（1）婚姻暴力

我国最高人民法院在《关于适用〈中华人民共和国婚姻法〉若干问题的解释（一）》中对"家庭暴力"界定为：行为人以殴打、捆绑、残害、强行限制人身自由或者其他手段，给家庭成员的精神、身体等方面造成一定伤害的行为。

（2）拐卖妇女

拐卖妇女是指以出卖为目的，涉及拐骗、绑架、收买、贩卖、接送、中转妇女等行为。

（二）妇女自身的发展方面

长期以来，女性一直在谋求着自己在社会生活领域的发展。虽然传统文化的影响使得女性承受了来自社会和家庭两方面的压力，但是作为今天的职业女性，她们依然在职场上拼搏，处于弱势的她们更需要我们提供社会工作服务。

1. 社会适应性训练

一直以来，人们习惯将女性圈在家庭中而阻止其到社会上发展。但是随着家庭生活压力的不断增加，很多家庭主妇开始进入社会生活，承担一部分家庭经济责任。这就需要对她们进行社会适应性训练，从而帮助她们完成角色转换。

2. 社会压力疏导服务

由于在社会上处于弱势地位，女性在次级劳动市场中的比例远远高于男性。同时，在职场拼搏与传统意义上对女性的定位是相违背的，因此女性承受了来自社会和文化的巨大压力。妇女社会工作需要从社区教育和社会政策的层面为女性的发展争取更好的社会环境，同时也需要通过微观的服务帮助女性调整自己、增强抵抗力。

3. 解决角色冲突与混乱

因为很多的女性渴望在家庭与职业之间寻找一个平衡点，但是内心却受到了来自社会的巨大压力，所以她们需要得到相应的社会工作服务，以协助她们更好地认识自己的各种角色，避免角色混乱，调整好自己的心态。

4. 提高自我保护意识

进入社会领域，两性接触的机会增多，女性遭遇性骚扰的可能性也大大增加。一些女性为了保住自己的工作而对他人的骚扰忍气吞声，在生理和心理上都遭受了严重的创伤。这些都是社会工作的服务内容。

5. 妇女反贫困

虽然女性并不意味着贫困，但是收入低、社会地位低等诸多原因使得女性在经济上处于弱势地位。所以在目前的中国，尤其是在农村和城市贫困人口中，针对女性的扶贫工作是十分有必要的。

6. 健康服务

乳腺癌和宫颈癌是近年来受到广泛重视的女性健康话题。生活压力的不断增加及不健康的生活方式是导致女性疾病发病率日益提高的重要原因之一。而很多的女性在经历病痛折磨的同时还需要经历一个重塑自我的心理过程，因此我们的社会文化需要对她们更加宽容，从而减少她们的伤痛。社会工作者将通过各种服务模式为女性的身心健康发展提供专业服务。

（三）对伤害妇女行为的干预原则

第一，接纳受害妇女描述的问题而不是责怪受害者。
第二，尊重受害妇女的人格独立，提升她们的自信心。
第三，关注受害妇女的安全。
第四，与受害妇女建立信任、真诚的专业关系。

二、妇女社会工作的方法

（一）妇女个案工作

在女性主义者看来，妇女个案工作过程就是聚焦妇女本人，把她当作成年人，当作一个独立个体，帮助她阐明自己的境况，了解她对自己的看法，她的生活中发生了什么，她的感觉和可能的选择。而非女性主义取向的社会工作，即倾向于强调妇女所扮演的家庭与社会角色，强化其照顾者的身份，忽略妇女自身需要。

（二）妇女小组工作

妇女小组工作，简单来说就是将小组工作方法运用于解决妇女个人问题，促进妇女个人和群体成长并实现社会目标的一种专业服务。如果以蕴含性别意识的程度对小组分类，由弱到强，可以将社会工作者发起的小组分为无性别意识的小组、妇女为本的小组、家庭为本的小组、女性主义小组、男性小组。这几类小组工作在理论、方法、服务发展方面都有所不同。

（三）妇女社区工作

妇女社区工作强调建立社会支持网络，特别是在那些存在时间较长的小组间建立沟通与联系的网络，会大大扩展小组的资源与影响力，弥补社会工作服务的不足。妇女社区工作的重要技巧是倡导，在社区工作这类宏观社会工作方法中，倡导是社会工作实务中的基础内容之一，指的是社会工作者为了确保社会公义，站在一个或多个服务对象以及某些团体和社区的立场上，直接从事代表、捍卫、介入、支持或提建议等活动的过程。倡导的前提是环境阻碍服务对象自决或引起了社会不公,并需要变革。倡导在不同时期运用的显著程度不同,主要受当时主流的政治、经济环境及社会工作专业理论影响。

倡导的核心是搜集信息。在倡导一项政策前,一定要充分了解情境、政策、公众观感、服务对象与环境的互动以及其他有关问题,要了解服务对象的背景和呈现的问题,要了解服务对象所在社区的问题与人口特征。有了这些资料才可以进行预估和制定社区发展策略。

倡导在宏观、微观上都有表现,微观上指的是为了满足一个服务对象的需求,而要求变通某种服务提供方式;宏观上是指运用游说、传媒等方式影响政策的制定。微观与宏观倡导是密切相关的,微观倡导能够提供详细的信息来展示一项社会政策运行过程中对某些服务对象的不公,社会工作者运用这种信息来进行宏观倡导。不过宏观层面的倡导通常进展缓慢,政策的制定和修正都需要相当长的时间,所以许多基层社会工作者并不愿承担倡导者的角色,并且没有倡导的意识。社会工作者其实在失去其专业核心特征。

妇女社会工作中那些以女性主义理论为指导的实践通常会采用倡导的方法,这与女性主义理论主张结构性变革是一致的。

参考文献

[1] 刘斌志，程代超.公共卫生社会工作：理论基础、实践策略及专业服务优势 [J].西华大学学报（哲学社会科学版），2021，40（2）：60-68.

[2] 何国良."关系"：社会工作理论与实践的本质 [J].社会建设，2021，8（1）：3-16.

[3] 张江龙.面向空间的社会工作实践：理论意义和实现路径 [J].江汉论坛，2020（9）：139-144.

[4] 卫小将.社会工作理论的"三重性"及爱的实践艺术 [J].社会科学，2020(6)：93-100.

[5] 侯利文.教育先行抑或实践引领：再思社会工作理论与实践的关系 [J].社会工作与管理，2020，20（1）：13-20.

[6] 黄锐.重构社会工作实践理论：学科建构意义上的思考 [J].社会科学，2019（8）：67-74.

[7] 李侨明.转型中国与流动的社会工作：一个基于本土化实践的理论框架 [J].甘肃行政学院学报，2019（1）：76-85.

[8] 王妙.老年社会工作实践中运用叙事治疗理论模式的探讨 [J].法制博览，2019（5）：285-286.

[9] 吴谦.发展性社会工作理论及实践研究综述 [J].劳动保障世界，2018（24）：37.

[10] 张威.现代社会工作：中国社会工作理论与实践的构建方向 [J].社会工作，2018（4）：3-15.

[11] 陈涛，杨锡聪，陈锋.发展性社会工作的本土化理论及实践 [J].新视野，2018（4）：62-68.

［12］ 吴越菲.社会工作"去专业化"：专业化进程中的理论张力与实践反叛 [J].
河北学刊，2018，38（4）：168-174.

［13］ 林顺利，孟亚男.嵌入与脱嵌：社会工作参与精准扶贫的理论与实践 [J].
甘肃社会科学，2018（3）：9-15.

［14］ 冯敏良.社会工作实践教学与理论教学的融合研究 [J].扬州大学学报（高
教研究版），2018，22（2）：110-114.

［15］ 郭伟和.迈向反身性实践的社会工作实务理论：当前社会工作理论界的若
干争论及其超越 [J].学海，2018（1）：125-133.

［16］ 林霞.社会工作本土化理论建构路径的探讨：基于"社会工作理论"课程
的教学实践 [J].中国林业教育，2017，35（5）：73-77.

［17］ 牛冬.西方外来移民社会工作理论与实践及对中国的启示 [J].北京社会科
学，2017（7）：120-128.

［18］ 洪佩，王杰.学校社会工作的入场困境与实践策略：基于布迪厄场域理论
的分析 [J].社会工作与管理，2016，16（6）：13-18.

［19］ 陈友华，祝西冰.中国社会工作实践中理论视角的选择：基于问题视角与
优势视角的比较分析 [J].山东社会科学，2016（11）：73-79.

［20］ 陈成文，何蛟龙，周静雅.社会工作的理论范式、研究视角及其在实践中
的应用 [J].社会工作，2015（5）：3-10.

［21］ 孙奎立."赋权"理论及其本土化社会工作实践制约因素分析 [J].东岳论
丛，2015，36（8）：91-95.

［22］ 孙奎立.社会工作理论教学与实践教学的关系研究 [J].现代教育，2015(Z2)：
71-73.

［23］ 张燕婷.学校社会工作的本土化实践：基于生态系统理论的地方性探索 [J].
学海，2015（3）：59-64.

［24］ 权福军.现象学社会学对社会工作理论与实践的启示 [J].山东社会科学，
2015（3）：99-102.

［25］ 姚进忠.阐释与激活：社会工作理论的实践逻辑演进与本土化探究 [J].华
东理工大学学报（社会科学版），2014，29（5）：9-19.

［26］ 文军，何威.从"反理论"到理论自觉：重构社会工作理论与实践的关系
[J].社会科学，2014（7）：65-78.

［27］ 刘玉兰，彭华民.嵌入文化的流动儿童社会工作服务：理论与实践反思 [J].
华东理工大学学报（社会科学版），2014，29（3）：15-22.

［28］ 陈劲松.当代灵性社会工作的理论与实践初探 [J].社会工作，2013（4）：16-26.

［29］ 赵明思.优势视角：社会工作理论与实践新模式 [J].社会福利（理论版），2013（8）：15-19.

［30］ 郭伟和.社区为本的矫正社会工作理论与实践 [J].社会工作下半月（理论），2008（3）：4-7.